GOLDMANN SCHOTT

OPERN DER WELT

W0317052

14,80

In der Taschenbuchreihe »Opern der Welt« liegen vor:

Ludwig van Beethoven: Fidelio (33002)
Georges Bizet: Carmen (33007)
Albert Lortzing: Zar und Zimmermann (33047)
Wolfgang Amadeus Mozart: Così fan tutte (33088)
–: Don Giovanni (33046)
–: Die Entführung aus dem Serail (33017)
–: Figaros Hochzeit (33004)
–: Die Zauberflöte (33001)
Otto Nicolai: Die lustigen Weiber von Windsor (33053)
Jacques Offenbach: Hoffmanns Erzählungen (33039)
Carl Orff: Der Mond/Die Kluge (33040)
Giacomo Puccini: La Bohème (33024)
–: Madame Butterfly (33112)
–: Tosca (33111)
Gioacchino Rossini: Der Barbier von Sevilla (33113)
Bedřich Smetana: Die verkaufte Braut (33050)
Richard Strauss: Der Rosenkavalier (33029)
Giuseppe Verdi: Aida (33022)
–: Don Carlos (33021)
–: Ein Maskenball (33115)
–: Othello (33009)
–: Rigoletto (33020)
–: La Traviata (33077)
–: Der Troubadour (33012)
Richard Wagner: Der fliegende Holländer (33014)
–: Götterdämmerung (33075)
–: Lohengrin (33042)
–: Die Meistersinger von Nürnberg (33011)
–: Parsifal (33057)
–: Das Rheingold (33072)
–: Siegfried (33074)
–: Tannhäuser (33063)
–: Tristan und Isolde (33083)
–: Die Walküre (33073)
Carl Maria von Weber: Der Freischütz (33044)

Weitere Bände sind in Vorbereitung.

# RICHARD WAGNER

# TANNHÄUSER

## und der Sängerkrieg auf Wartburg

*Dresdener und Pariser Fassung*

*Dieser Opernführer wurde verfaßt und herausgegeben von*

*Kurt Pahlen*

*unter Mitarbeit von*

*Rosemarie König*

*Neu durchgesehene Auflage*

**Originalausgabe**

Wilhelm Goldmann Verlag

Musikverlag B. SCHOTT'S Söhne

Libretto: Richard Wagner (Originaltext)
Dresdener und Pariser Fassung
Abdruck der Notenbeispiele aus: Richard Wagner »Tannhäuser«
Klavierauszug von Felix Mottl
Mit Genehmigung von C. F. Peters, Musikverlag, Frankfurt

Die Diskographie wurde von Albert Thalmann, Bern, zusammengestellt.

Bildquellennachweis:
Richard-Wagner-Museum, Bayreuth: S. 152/153
Sabine Toepffer: S. 140, 142/143, 146/147, 158/159, 217
Archiv Pahlen: S. 6, 141, 166, 167, 168, 172, 188, 190/191, 201, 228, 230, 233, 237, 239, 242, 243

Rosemarie König und Albert Thalmann (Diskographie) danke ich an dieser Stelle herzlich für ihre wertvolle Mitarbeit

Kurt Pahlen

Made in Germany · 2. Auflage · 7/86

Umschlaggestaltung: Design Team, München
Satz: Bauer & Bökeler Filmsatz GmbH, Denkendorf
Druck: Presse-Druck, Augsburg
Verlagsnummer: 33063
Redaktion: Gerda Weiss/MV · Herstellung: Gisela Ernst
ISBN 3-442-33063-7

# Inhalt

Richard Wagner
– während seines Pariser Aufenthalts (1840–42) – von seinem
Freund E. B. Kietz in einer Bleistiftzeichnung festgehalten.
(Original: im Haus »Wahnfried«, Bayreuth)

# Zur Aufführung

## TITEL

»Tannhäuser
und
der Sängerkrieg auf Wartburg«

## BEZEICHNUNG

Romantische Oper in drei Aufzügen
Text und Musik: Richard Wagner
Uraufführung: 19. 10. 1845

## PERSONENVERZEICHNIS

Hermann, Landgraf von Thüringen . . . . . . . . . . . . Baß
Tannhäuser . . . . . . . . . . . . . . . . . . . . Heldentenor
Wolfram von Eschenbach, Minnesänger . (Kavalier-) Bariton
Walter von der Vogelweide, Minnesänger . (lyrischer) Tenor
Biterolf, Minnesänger . . . . . . . . . . . . . . . . . . Baß
Heinrich der Schreiber . . . . . . . . . . . . . . . . . Tenor
Reinmar von Zweter . . . . . . . . . . . . . . . . . . Baß
Elisabeth,
Nichte des Landgrafen . . (Jugendlich-dramatischer) Sopran
Venus . . . . . . . . Dramatischer Sopran od. Mezzosopran
Ein junger Hirt . . . . . . . . . . . . . . . . . . . . Sopran
Vier Edelknaben . . . . . . . . . . . . . . . . Sopran und Alt
Männerchor, Frauenchor, gemischter Chor.
Ballett.

## SCHAUPLÄTZE

1. Akt: Venusberg und Frühlingslandschaft nahe der Wartburg
2. Akt: Im Festsaal der Wartburg
3. Akt: Herbstlandschaft nahe der Wartburg

## ZEIT

Zu Anfang des 13. Jahrhunderts.

## ORCHESTERBESETZUNG

3 Flöten (auch Piccolo), 2 Oboen, 2 Klarinetten (auch Baßklarinette), 2 Fagotte, 4 Hörner, 3 Trompeten, 3 Posaunen, Baßtuba, Pauken, Schlagzeug, Harfe, Streicher (geteilt in 1. und 2. Violinen, Bratschen, Violoncelli und Kontrabässe). Ferner Bühnenmusik: 1 Englischhorn, 6 Flöten (davon 2 Piccoli), 4 Oboen, 6 Klarinetten, 6 Fagotte, 12 Hörner, 12 Trompeten, 4 Posaunen, Schlagwerk; in der Pariser Fassung 1 Harfe.

*Vollständiger Text*
*mit*
*musikalischen Erläuterungen*

Linke Textspalte: »Dresdener Fassung«
Rechte Textspalte: Spätere »Pariser Fassung«
Wenn gemeinsame Texte in beiden Fassungen, steht der Text auf Mitte der Seite.

Am Ende wird dann noch der Schluß der »Urfassung« gebracht, vgl. Seiten 131 bis 135. Diese Urfassung wurde nur bei der Uraufführung gespielt.

*Dieses Meisterstück eines Opern-Vorspiels enthält nicht nur einige der wichtigsten Themen des Werkes, es führt vor allem den Hörer stimmungsmäßig in dessen beide, gegensätzliche Welten ein: in die innige, keusche des Glaubens – mit Hilfe des Pilgerchors – und in die sinnlich glühende der erotischen Liebe durch die erregenden Klänge der Venusberg-Musik und der Hymne, die Tannhäuser zu Ehren der Liebesgöttin singen wird. 6 Bläser intonieren zu Beginn die schlichte, aber von großer innerer Festigkeit getragene, überaus populär gewordene Weise des Pilgerchors (2 Klarinetten, 2 Hörner, 2 Fagotte):*

*(1)*

*Trotz des Dreivierteltakts haben wir den Eindruck eines ruhigen Schreitens (das für gewöhnlich im geraden Takt, also mit zwei*

# OUVERTÜRE

*oder vier Vierteln ausgedrückt wird). Mit dem Einsatz der tiefen Streicher (Melodie in den Celli) tritt ein sehnsüchtiges Gefühl hinzu; die Geigen übernehmen das Motiv, steigern es zum ersten Höhepunkt: Die Posaunen schmettern weihevoll das Pilgermotiv, das von einer unruhigen Geigenmelodie umschwirrt wird. Sind es schon die weltlichen Versuchungen, die den Menschen vom Weg des Glaubens fortzulocken suchen? Sie lassen noch einmal von ihm ab, und wie zu Beginn verklingt die choralartige Melodie. Ein seltsam irisierendes Motiv steigt in den Bratschen auf, die übrigen Streicher erhöhen die Spannung durch ein dichtes Tremolo:*

*(2)*

*Die Erregung wächst, Pikkoloflöte in extremer Höhenlage und Oboe scheinen Liebeswerben und atemlose Umarmungen auszumalen: Dann tritt, ruhiger, als schildere es ein paradiesisches Land der Zärtlichkeiten, ein neues Motiv in warmem E-Dur, von Bläsern gespielt und von den Streichern untermalt, ein:*

*(Fortsetzung des Notenbeispiels S. 14)*

(3)

*Das Motiv wird gesteigert, das Tempo etwas zurückgehalten, es klingt wie Liebesseufzer, wie Drängen und Aneinanderpressen von Körpern, wie Ermatten und Sich-Lösen:*

(4)

*Es führt, mit nahezu ununterbrochenen klanglichen Höhepunkten in Tannhäusers Hymne, in das Triumphlied, das er zu Ehren Venus' anstimmen und das auf dem Höhepunkt des Sän-*

*gerkriegs das Motiv des wildesten Zusammenstoßes der Gefühle und Meinungen bilden wird:*

*(5)*

*Abermals geht es in die sinnliche Venusberg-Musik über (Beispiele 2 und 3), bis in sehr ruhigem Zeitmaß Wagner ein neues Motiv einführt: zuerst in der Klarinette, danach zauberhaft glitzernd im Klang von Soloviolinen unterstrichen, nimmt die Musik hier die Melodie vorweg, mit der Venus später versucht, den von ihr fortstrebenden Tannhäuser noch einmal zu liebeerfülltem Verweilen im Zauberreich zu bewegen:*

*(6)*

*Die musikalischen Elemente sind damit vorgestellt. Der Rest der überaus wirkungsvollen Ouvertüre besteht in ihrer großartigen Verarbeitung voll orchestraler Effekte bis zum machtvollen Wiedereintritt des triumphalen Pilgerchorals, mit dem das Vorspiel endet, wenn es in Konzertform oder in der Dresdener Fassung auf dem Theater gespielt wird.*

*Für die Pariser Fassung ist es von Wagner gekürzt worden: Es geht in nicht mehr unterbrochenen Venusberg-Klängen direkt in die erste Szene über, führt also stimmungsmäßig genau in deren Atmosphäre schwüler Sinnlichkeit ein.*

*Die Venusberg-Szenen werden an nahezu allen Theatern in der sogenannten »Pariser Fassung« gespielt, für die Wagner sie wesentlich ausgebaut und neu instrumentiert hat. Das Orchester setzt noch lange Zeit hindurch die Schilderung des Schauplatzes und des auf ihm zu beobachtenden Treibens sehr deutlich fort.*

**Dresdener Fassung**

# ERSTER AUFZUG

*Der Venusberg*

ERSTER AUFTRITT

*Die Bühne stellt das Innere des Venusberges dar. Weite Grotte, welche sich im Hintergrunde durch eine Biegung nach rechts wie unabsehbar dahinzieht. Im fernsten sichtbaren Hintergrunde dehnt sich ein bläulicher See aus; in ihm erblickt man die badenden Gestalten von Najaden; auf seinen Ufervorsprüngen sind Sirenen gelagert. Im äußersten Vordergrunde links liegt Venus auf einem Lager ausgestreckt, vor ihr halb kniend Tannhäuser, das Haupt in ihrem Schoße. Die ganze Grotte ist durch rosiges Licht erleuchtet. Den Mittelgrund nimmt eine Gruppe tanzender Nymphen ein; auf etwas erhöhten Vorsprüngen an den Seiten der Grotte sind liebende Paare gelagert, von denen sich einzelne nach und nach in den Tanz der Nymphen mischen. –*

**Pariser Fassung**

# ERSTER AUFZUG

*Der Venusberg*

ERSTER AUFTRITT

*Die Bühne stellt das Innere des Venusberges (Hörselberges bei Eisenach) dar. Weite Grotte, welche sich im Hintergrunde durch eine Biegung nach rechts wie unabsehbar dahinzieht. Aus einer zerklüfteten Öffnung, durch welche mattes Tageslicht hereinscheint, stürzt sich die ganze Höhe der Grotte entlang ein grünlicher Wasserfall herab, wild über Gestein schäumend; aus dem Becken, welches das Wasser auffängt, fließt nach dem ferneren Hintergrunde der Bach hin, welcher dort sich zu einem See sammelt, in welchem man die Gestalten badender Najaden und an dessen Ufern gelagerte Sirenen gewahrt. Zu beiden Seiten der Grotte Felsenvorsprünge von unregelmäßiger Form, mit wunderbaren, korallenartigen tropischen Gewächsen bewachsen. Vor einer nach links aufwärts sich dehnen-*

*In welchem Augenblick der Vorhang geöffnet wird, bleibt hier Regisseur und Dirigenten überlassen, da die Musik fugenlos aus dem Vorspiel in die erste Szene übergeht. Sie ist aus den überaus sinnlichen Klängen einiger schon im Vorspiel gebrachter Motive (2, 3, 4) komponiert.*

*den Grottenöffnung, aus welcher ein zarter, rosiger Dämmer herausscheint, liegt im Vordergrunde Venus auf einem reichen Lager, vor ihr, das Haupt in ihrem Schoße, die Harfe zur Seite, Tannhäuser halb kniend. Das Lager umgeben, in reizender Verschlingung gelagert, die drei Grazien. Zur Seite und hinter dem Lager zahlreiche schlafende Amoretten, wild über- und nebeneinander gelagert, einen verworrenen Knäuel bildend, wie Kinder, die, von einer Balgerei ermattet, eingeschlafen sind. Der ganze Vordergrund ist von einem zauberhaften, von unten herdringenden, rötlichen Lichte beleuchtet, durch welches das Smaragdgrün des Wasserfalls, mit dem Weiß seiner schäumenden Wellen, stark durchbricht; der ferne Hintergrund mit den Seeufern ist von einem verklärt blauen Duft mondscheinartig erhellt. – Beim Aufzuge des Vorhangs sind, auf den erhöhten Vorsprüngen, bei Bechern noch die Jünglinge gelagert, welche jetzt sofort den verlockenden Winken der Nymphen folgen und zu diesen hinabeilen; die Nymphen hatten um das schäumende Becken des Wasserfalls den auffordernden Reigen begonnen, welcher die Jünglinge zu ihnen führen sollte: die Paare finden und mischen sich; Suchen, Fliehen und reizendes Necken beleben den Tanz.*

*Ein Zug von Bacchantinnen kommt aus dem Hintergrund in wildem Tanze dahergebraust; sie durchziehen mit trunkenen Gebärden die Gruppen der Nymphen und liebenden Paare, welche durch sie bald zu größerem Ungestüme hingerissen werden.*

*Dem immer wilder gewordenen Tanze antwortet, wie im Echo, der Gesang der Sirenen.*

*Aus dem fernen Hintergrunde naht ein Zug von Bacchantinnen, welcher durch die Reihen der liebenden Paare, zu wilder Lust auffordernd, daherbraust. Durch Gebärden begeisterter Trunkenheit reißen die Bacchantinnen die Liebenden zu wachsender Ausgelassenheit hin.*

*Die Berauschten stürzen sich in brünstige Liebesumarmungen.*

*Satyre und Faune sind aus den Klüften erschienen und drängen sich jetzt mit ihrem Tanze zwischen die Bacchantinnen und liebenden Paare. Sie vermehren durch ihre Jagd auf die Nymphen die Verwirrung; der allgemeine Taumel steigert sich zur höchsten Wut. Hier, beim Ausbruche der höchsten Raserei, erheben sich entsetzt die drei Grazien. Sie suchen den Wütenden Einhalt zu tun und sie zu entfernen. Machtlos fürchten sie selbst mit fortgerissen zu werden: sie wenden sich zu den schlafenden Amoretten, rütteln sie auf und jagen sie in die Höhe. Diese flattern wie eine Schar Vögel aufwärts auseinander, nehmen in der Höhe, wie in Schlachtordnung, den ganzen Raum der Höhle ein und schießen von da herab einen unaufhörlichen Hagel von Pfeilen auf das Getümmel in der Tiefe. Die Verwundeten, von mächtigem Liebessehnen ergriffen, lassen vom rasen-*

*den Tanze ab und sinken in Ermattung. Die Grazien bemächtigen sich der Verwundeten und suchen, indem sie die Trunkenen zu Paaren fügen, sie mit sanfter Gewalt nach dem Hintergrund zu zerstreuen. Dort nach den verschiedensten Richtungen hin entfernen sich, teils auch von der Höhe herab durch die Amoretten verfolgt, die Bacchanten, Faune, Satyren, Nymphen und Jünglinge. Ein immer dichterer rosiger Duft senkt sich herab; in ihm verschwinden zuerst die Amoretten; dann bedeckt er den ganzen Hintergrund, so daß endlich, außer Venus und Tannhäuser, nur noch die drei Grazien sichtbar zurückbleiben. Diese wenden sich jetzt nach dem Vordergrunde zurück; in anmutigen Verschlingungen nahen sie sich Venus, ihr gleichsam von dem Siege berichtend, den sie über die wilden Leidenschaften der Untertanen ihres Reiches gewonnen. – Der dichte Duft im Hintergrunde zerteilt sich: ein Nebelbild zeigt die Entführung der Europa, welche auf dem Rücken des mit Blumen geschmückten weißen Stieres von Tritonen und Nereiden geleitet, durch das blaue Meer dahinfährt.*

*Nach langen gemimten und getanzten Liebesdarstellungen erklingt aus unsichtbarer Ferne ein Frauenchor, verführerisch, in weichen, sehnsüchtigen Harmonien.*

(7)

*Sirenen (im Hintergrunde, am See gelagert):*
Naht euch dem Strande!
*Die Tanzenden halten in der leidenschaftlichsten Gruppe plötzlich an und lauschen dem Gesange.*
Naht euch dem Lande,
wo in den Armen
glühender[1] Liebe
selig Erwarmen
still' eure Triebe!
*Von neuem belebt sich der Tanz und gelangt zu dem äußersten Grade wilden Ungestümes. Mit dem Momente der trunkensten bacchantischen Wut tritt eine schnell um sich greifende Erschlaffung ein. Die liebenden Paare scheiden sich allmählich vom Tanze aus und lagern sich wie in angenehmer Ermattung auf den Vorsprüngen der Grotte; der Zug der Bacchantinnen verschwindet nach dem Hintergrunde zu, vor welchem sich ein immer dichter werdender Duft ausbreitet. Auch im Vordergrunde senkt sich allmählich ein dichterer Duft herab und verhüllt die Gruppen der Schlafenden wie in*

*Chor der Sirenen (unsichtbar):*
Naht euch dem Strande,
naht euch dem Lande,
wo in den Armen
glühender Liebe
selig/süß Erwarmen
still' eure Triebe!
*Der rosige Duft schließt sich wieder, das Bild verschwindet, und die Grazien deuten nun durch einen anmutigen Tanz den geheimnisvollen Inhalt des Bildes als ein Werk der Liebe an. Von neuem teilt sich der Duft. Man erblickt in sanfter Mondesdämmerung Leda, am Waldesteiche ausgestreckt; der Schwan schwimmt auf sie zu und biegt schmeichelnd seinen Hals an ihren Busen.*

[1] In der UF (Urfassung) hier »brünstiger«.

*Tannhäuser scheint den Gesang in seinem Traum oder in seine in die Ferne schweifenden Gedanken hinein vernommen zu haben. Die Musik beginnt, einen anderen Charakter anzunehmen: gleichsam ernüchtert. Noch einmal suchen zwei Klarinetten mit dem Motiv des Sirenenchores die zauberhafte »Fern-der-Welt-Stimmung« zurückzurufen. Und auch die ersten Worte Venus' wollen den Liebestraum fortsetzen.*

*rosige Wolken, so daß endlich der sichtbare Teil der frei gelassenen Bühne sich nur noch auf einen kleinen Raum beschränkt, in welchem Venus und Tannhäuser in ihrer früheren Stellung allein zurückbleiben.*

*Sirenen (in weiter Ferne verhallt der Gesang der Sirenen.):*
Naht euch dem Strande!
Naht euch dem Lande!

*Chor der Sirenen:*

Naht euch dem Strande!
Naht euch dem Lande!

*Allmählich verbleicht auch dieses Bild. Der Duft verzieht sich endlich ganz und zeigt die ganze Grotte einsam und still. Die Grazien verneigen sich schelmisch vor Venus und entfernen sich langsam nach der Liebesgrotte. Tiefste Ruhe. Unveränderte Gruppe der Venus und Tannhäusers.*

## ZWEITER AUFTRITT

*Tannhäuser zuckt mit dem Haupte empor, als fahre er aus einem Traume auf. – Venus zieht ihn schmeichelnd zurück.*

## ZWEITER AUFTRITT

*Tannhäuser zuckt mit dem Haupte empor, als fahre er aus einem Traume auf. Venus zieht ihn schmeichelnd zurück. Tannhäuser führt die Hand über die Augen, als suche er ein Traumbild festzuhalten.*

*Venus:* Geliebter, sag, wo weilt dein Sinn?*
*Tannhäuser (schnell):*
Zu viel! Zu viel!
*(Langsamer und leise.)*
Oh, daß ich nun erwachte!
*Venus:* Sag[1], was kümmert dich?[2]

* Wo Dresdener Fassung (DF) und Pariser Fassung (PF) nur kleine Abweichungen aufweisen, wird dies in einer Anmerkung aufgeführt.

1 UF: Für »sag« steht »sprich«.

2 PF: Dieser Vers lautet: »Sag mir, was dich mühet?«

*Doch Tannhäuser scheint plötzlich hellwach:*

(8)

*Wie aus weiter Ferne erklingen Flöte und Oboe glockenartig. Im folgenden Dialog zwischen Venus und Tannhäuser wird Wagners dramatische Kompositionstechnik sehr klar: deklamierende Singstimmen, die sich oft zu starkem Ausdruck aufschwingen, sehr sinngemäß die Wortakzente setzen, ohne deshalb unmelodisch zu werden, ja in besonders gefühlsbetonten Augenblicken beinahe das Arienhafte streifen. Der Hauptfaktor des »Geschehens« aber bleibt das Orchester, das in keinem Augenblick zur bloßen »Begleitung« wird, sondern immer wieder Motive zitiert oder tonmalerisch wird.*

*Tannhäuser:*
Im Traum war mir's als hörte ich –
was meinem Ohr so lange fremd!
als hörte ich der Glocken frohes Geläute! –
Oh, sag! Wie lange hört' ich's doch nicht mehr?
*Venus:*
Wohin verlierst du dich? Was faßt[1] dich an?[2]
*Tannhäuser:* Die Zeit, die hier ich verweil,
ich kann sie nicht ermessen.
Tage, Monde – gibt's für mich nicht mehr,
denn nicht mehr sehe ich die Sonne,
nicht mehr des Himmels freundliche Gestirne;
den Halm seh ich nicht mehr, der frisch ergrünend
den neuen Sommer bringt; die Nachtigall
hör ich nicht mehr, die mir den Lenz verkünde.
Hör ich sie nie, seh ich sie niemals mehr?
*Venus (sich im Lager aufrichtend!):*
Ha! Was vernehm ich? Welche tör'ge Klage!
Bist du so bald der holden Wunder müde,
die meine Liebe dir bereitet? – Oder wie?
Reut es dich so sehr, ein Gott zu sein?[3]
Hast du so bald vergessen, wie du einst
gelitten, während jetzt[4] du dich erfreust? –
Mein Sänger, auf![5] Ergreife deine Harfe!
Die Liebe feire, die so herrlich du besingst,[6]
daß du der Liebe Göttin selber dir gewannst!
Die Liebe feire, da ihr höchster Preis dir ward!

[1] UF: »ficht«
[2] PF: Hier umgestellt.
[3] Dieser Vers lautet in der PF: »Könnt ein Gott zu sein so sehr dich reu'n?«
[4] PF: An dieser Stelle ist ein »hier« eingeschoben.
[5] PF: Fortsetzung lautet »Auf und ergreife die Harfe«.
[6] PF: »besingest«.

*Eine »feurige« Streicherpassage (nach Wagners Angabe) unterstreicht Venus' zärtlich leidenschaftliche Worte, reißt Tannhäuser mit, der die kleine Harfe der Minnesänger – die ihm von seinem Wirken in der Welt verblieb – ergreift und zu seinem Preislied der Liebesgöttin ansetzt:*

*(9)*

*Von der warm-sinnlichen H-Dur-Tonart, die sie bei ihrem ersten Auftauchen im Vorspiel hatte, ist die schwungvolle, ja stürmische Melodie hier nach Des-Dur versetzt; das Orchester schweigt, lediglich die Harfe begleitet, teils mit Akkorden, teils mit Arpeggien.*

*Der begeisterte Schwung läßt nach. Tannhäuser erkennt, daß er nur ein Mensch ist, kein Gott, dem ewiges Genießen gegeben sein mag. Und so schließt dieses fast Arie zu nennende Lied mit der flehentlichen, stimmlich sehr ausdrucksvoll gestalteten Bitte des Sängers, auf die Erde zurückkehren zu dürfen.*

*Und wieder die erregten Streicher, zu deren Untergrund Venus noch einmal an ihren Geliebten appelliert; Bläser fallen ein, treiben die Bitten einem Höhepunkt zu, auf dem Tannhäuser nochmals zu seinem Lied ansetzt.*

*Die Steigerung gegenüber dem ersten Mal deutet sich schon in der Tonartenwahl an: Der Gesang, der wieder mit einer leidenschaftlichen Huldigung an Venus beginnt, aber ebenfalls mit der Sehnsucht nach irdischem Leben endet, steht, um einen halben Ton höher geschraubt, nun in D-Dur. Nun ist es auch nicht mehr die Harfe allein, die ihn begleitet, das Pizzicato der Streicher macht das Lied gewissermaßen intensiver, Tannhäusers Heimweh drängender.*

*Tannhäuser (zu einem plötzlichen Entschlusse ermannt, ergreift die Harfe und stellt sich feierlich vor Venus hin.)*
Dir töne Lob! Die Wunder sei'n gepriesen,
die deine Macht mir Glücklichem erschuf!
Die Wonnen süß, die deiner Huld entsprießen,
erheb' mein Lied in lautem Jubelruf!
Nach Freude, ach! nach herrlichem Genießen
verlangt' mein Herz, es dürstete mein Sinn:
da, was nur Göttern einsten du erwiesen,
gab deine Gunst mir Sterblichem dahin. –
Doch sterblich, ach! bin ich geblieben,
und übergroß ist mir dein Lieben.
Wenn stets ein Gott genießen kann,
bin ich dem Wechsel untertan;
nicht Lust allein liegt mir am Herzen,
aus Freuden sehn ich mich nach Schmerzen.
Aus deinem Reiche muß ich fliehn –
O Königin, Göttin! Laß mich ziehn!

*Venus:*
Was muß ich hören? Welch ein Sang!
Welch trübem Ton verfällt dein Lied?
Wohin floh die Begeistrung dir,
die Wonnesang dir nur gebot?
Was ist's? Worin war meine Liebe lässig?
Geliebter, wessen klagest du mich an?

*Tannhäuser:*
Dank deiner Huld! Gepriesen sei dein Lieben!
Beglückt für immer, wer bei dir geweilt!
Ewig beneidet, wer mit warmen Trieben
in deinen Armen Götterglut geteilt!
Entzückend sind die Wunder deines Reiches,
die Zauber aller Wonnen atm' ich hier;
kein Land der weiten Erde bietet Gleiches,
was sie besitzt, scheint leicht entbehrlich dir.

*Erregt springt nun Venus, tief gekränkt, von ihrem Lager auf. Trotz aller »Durchsichtigkeit« des Orchesters, die ihre Worte vernehmbar bleiben läßt (richtiger spräche man wohl von »Durchhörbarkeit«), ist die Grundstimmung nun auf einen hohen Grad der Leidenschaft gesteigert worden. Die beiden Stimmen »verklammern« sich immer enger ineinander, es ist, als rängen sie miteinander, Venus beendet ihre wilde Phrase, mit der sie den Geliebten zurückzuhalten sucht, auf einem hohen B (einem Spitzenton der Mezzosopranstimme). Verwirrung folgt, lange Bläserakkorde, die vom fortissimo ins pianissimo verklingen, lassen die Erregung nachzittern; Solostreicher, zum Teil mit Dämpfer, drücken die Wehmut aus, die Tannhäusers Entschluß in Venus' Herzen hervorgerufen hat.*

*Doch noch einmal versucht sie, die sinnliche Begierde in ihm zu wecken, mit der sie ihn einst so leicht band. Eine nahe Grotte in zauberhafter Beleuchtung lädt zur Liebe ein: Wagner setzt hier seine höchsten Instrumentationskünste ein. Wie ein wahrer Sirenengesang erhebt Venus' Stimme sich über einem flimmern-*

Doch ich aus diesen ros'gen Düften
verlange nach des Waldes Lüften,
nach unsres Himmels klarem Blau,
nach unsrem frischen Grün der Au,
nach unsrer Vöglein liebem Sange,
nach unsrer Glocken trautem Klange.
Aus deinem Reiche muß ich fliehn –
O Königin, Göttin! Laß mich ziehn!

*Venus (von ihrem Lager aufspringend):*
Treuloser! Weh! Was lässest du mich hören?
Du wagest meine Liebe zu verhöhnen?
Du preisest sie und willst sie dennoch fliehn?
Zum Überdruß ist dir mein Reiz gediehn?

*Tannhäuser:*
Ach[1] schöne Göttin! Wolle mir nicht zürnen!

*Venus:*
Zum Überdruß ist dir mein Reiz gediehn?

*Tannhäuser:*
Dein übergroßer Reiz ist's, den ich fliehe![2]

*Venus:* Weh dir! Verräter! Heuchler! Undankbarer!
Ich laß dich nicht! Du darfst nicht von mir ziehn!
Ach!

*Tannhäuser:*
Nie war mein Lieben größer, niemals wahrer
als jetzt, da ich für ewig dich muß fliehn!

*(Venus hat ihr mit den Händen bedecktes Gesicht leidenschaftlich von Tannhäuser abgewendet; nach einer Pause wendet sie es ihm lächelnd und mit verführerischem Ausdruck wieder zu.)*

*(Venus hat sich mit einem Schrei abgewandt, ihr Gesicht in den Händen bergend. Langes Stillschweigen. Venus sucht allmählich wieder Tannhäusers Blick, dem sie plötzlich mit verführerischem Lächeln sich zuwendet.)*
*(Auf ihren Wink erscheint eine zauberische Grotte, auf welche sie deutet.)*

*Venus:*
Geliebter, komm! Sieh dort die Grotte,
von ros'gen Düften mild durchwallt!

[1] UF: Anstelle von »Ach« steht »O«.
[2] UF: »Meide«.

*den, wie von verführerischen Düften getränkten Orchester. Nahezu das gesamte große Instrumentarium ist eingesetzt, aber dank überaus subtiler Behandlung bleibt der Klang ätherisch, äußerst zart, lockend und lieblich.*

*Sirenenstimmen aus der Ferne unterstreichen den Zauber der Unwirklichkeit, des Liebestraums, der über der Szene liegt. Schon wähnt Venus sich Siegerin, immer selbstbewußter verheißt ihre Stimme ein Liebesfest, das Orchester packt immer stärker zu, das Zeitmaß wird drängend gesteigert.*

*Und zum dritten Mal greift Tannhäuser in die Saiten seiner Harfe. »Auf das äußerste hingerissen«, »mit trunkener Gebärde« läßt Wagner ihn nochmals seine Hymne der schönen, leidenschaftlichen Liebesgöttin anstimmen: wiederum um einen Halbton höher – also nun in Es-Dur – und nun mit wesentlich verstärkter Orchesteruntermalung. Doch wiederum folgt auf*

Entzücken böt' selbst einem Gotte
der süß'sten Freuden Aufenthalt.
Besänftigt auf dem weichsten Pfühle
flieh' deine Glieder jeder Schmerz,
dein brennend Haupt umwehe Kühle,
wonnige Glut durchschwelle dein Herz.

*(indem sie ihn sanft nach sich zu ziehen sucht)*

Komm, süßer Freund, komm,
folge mir! Komm!

*Chor der Sirenen (unsichtbar):*

Naht euch dem Strande!

*Venus:*

Aus holder Ferne mahnen süße Klänge,
daß dich mein Arm in trauter Näh' umschlänge:

| | |
|---|---|
| von meinen Lippen schlürfst du Göttertrank, | von meinen Lippen, aus meinen Blicken, |
| aus meinen Augen strahlt dir Liebesdank: | schlürfst du den Göttertrank, strahlt dir der Liebesdank. |

Ein Freudenfest soll unsrem Bund entstehen,
der Liebe Feier laß uns froh begehen!
Nicht sollst du ihr ein scheues Opfer weihn, –
nein! – mit der Liebe Göttin schwelge im Verein.

*Sirenen (aus weiter Ferne, unsichtbar):*

Naht euch dem Strande,

*Venus (Tannhäuser sanft nach sich ziehend):*

Mein Ritter! Mein Geliebter!

*Sirenen:*

Naht euch dem Lande!

*Venus:*

| | |
|---|---|
| Willst du fliehen? | Sag, holder Freund, sag, mein Geliebter, willst du fliehn? |

*Tannhäuser (auf das äußerste hingerissen, greift mit trunkener Gebärde in die Harfe):*

Stets soll nur dir, nur dir mein Lied ertönen!
Gesungen laut sei nur dein Preis von mir!
Dein süßer Reiz ist Quelle alles Schönen,

*den Sturm seiner Liebeserklärung – mit dem fatalen Versprechen, Venus' Lob als kühner Verkünder durch die Welt zu tragen – sein Ruf nach »Freiheit«: Dreimal verlangt er sie von der Geliebten, flehentlich, aber bestimmt, unabweisbar. Und er schließt wie die beiden Male vorher:*

*(10)*

*In rasend bewegtem Zeitmaß, mit überstürzten Streicherfiguren, die nur manchmal eine besonders wichtige Phrase zum besseren Verständnis freilassen, findet Venus sich in den Abschied. Es ist ein langer Gesang, den sie dem scheidenden Geliebten widmet, ein gewaltiges Solo – mehr dramatische Szene als Arie – voll Schmerz und Verzweiflung. Hier wird der Unterschied zwischen der viel knapperen Dresdener und der gerade im ersten Bild stark ausgebauten Pariser Fassung sehr deutlich:*

und jedes holde Wunder stammt von dir.
Die Glut, die du mir in das Herz gegossen,
als Flamme lodre hell sie dir allein!
Ja, gegen alle Welt will unverdrossen
fortan ich nun dein kühner Streiter sein.[1]
Doch hin muß ich zur Welt der Erden,
bei dir kann ich nur Sklave werden;
nach Freiheit doch verlangt es mich[2],
nach Freiheit, Freiheit dürste ich[3];
zu Kampf und Streite will ich stehn,
sei's auch auf[4] Tod und Untergehn:
Drum muß aus deinem Reich ich fliehn –
O Königin, Göttin! Laß mich ziehn!

*Venus (im heftigsten Zorne):*
Zieh hin, Wahnsinniger, zieh hin!
Verräter, sieh, nicht halt ich dich!
Ich geb dich frei – Zieh hin! Zieh hin!

*Venus:*
Zieh hin! Wahnbetörter! Zieh hin! Geh!
Verräter sieh, nicht halt ich dich!
Flieh, ich geb dich frei! Zieh hin! Betörter!

Was du verlangst, das sei dein Los!
Hin zu den kalten Menschen flieh,
vor deren blödem, trübem Wahn,
der Freude Götter, wir entflohn
tief in der Erde wärmenden Schoß.

[1] UF: Regieanweisung eingeschoben: (Er läßt die Harfe entsinken.)
[2] UF: »verlange ich«.
[3] UF: »dürstet's mich«.
[4] UF: Anstelle von »auf« steht »um«.

*(11)*

*Auch Tannhäusers Entgegnung ist in der Pariser Fassung dramatisch wie musikalisch ausgebaut, und vollends Venus' Antwort erhebt die Rolle zu einer der höchstdramatischen, die es gibt; so sehr, daß einige Theater hier eine – natürlich anfechtbare, aber verständliche – Kürzung vornehmen. Es ist ein gewaltiger, ja erschütternder Kampf, den hier die Göttin, nun ganz liebende Frau, und der Mann ausfechten, der sich aus einem Übermaß der Wonnen zurücksehnt in den Wechsel des irdischen Lebens, in das Auf und Ab des menschlichen Schicksals. Lange noch wogt dieser Kampf in Stimmen und Orchester.*

Zieh hin, Betörter! Suche dein Heil,
suche dein Heil – und find es nie!

Bald weicht der Stolz aus deiner Seel',
demütig seh ich dich mir nahn,
zerknirscht, zertreten suchst du mich auf,
flehst um die Zauber meiner Macht!

Sie, die du siegend einst verlachtest,
die jauchzenden Mutes du verhöhnt,
nun fleh sie an um Gnade,
wo du verachtest, jammre nun um Huld!
Dann leuchte deine Schande,
der hellen Schmach wird dann ihr Spott!
Gebannt, verflucht, ha! wie seh ich schon
dich mir nahn, tief das Haupt zur Erde:
»O! fändest du sie wieder,
die einst dir gelächelt!
Ach! öffnete sie dir wieder
die Tore ihrer Wonnen!«
Auf der Schwelle, sieh da!
ausgestreckt liegt er nun,
dort wo Freude einst ihm geflossen!
Um Mitleid fleht er bettelnd,
nicht um Liebe! Zurück! Entweich, Bettler!
Knechten nie, nur Helden öffnet sich mein Reich.

*Tannhäuser:*
Ach, schöne Göttin, lebe wohl!
Nie kehr ich je zu dir zurück!

*Tannhäuser:*
Nein! Mein Stolz soll dir den Jammer ersparen,
mich entehrt je dir nah zu sehn!
Der heut von dir scheidet,
o Göttin, der kehret nie zu dir zurück!

*Venus:* Ha! Kehrtest du mir nie zurück!
*(Verzweiflungsvoll)*

*Venus (mit einem Schrei):*
Ha! du kehrtest nie zurück!
Wie sagt ich?

Kehrst du nicht wieder, ha! so sei verfluchet
von mir das ganze menschliche Geschlecht!
Nach meinen Wundern dann vergebens suchet!
Die Welt sei öde, und ihr Held ein Knecht!
Kehr wieder, kehre mir zurück!

Ha! wie sagte er?
Nie mir zurück!
Wie sollt ich's denken?
Wie es erfassen!
Mein Geliebter ewig mich fliehn?
Wie hätt ich das erworben,
wie träf mich solch Verschulden,
daß mir die Lust geraubt,
dem Trauten zu verzeihn?
Der Königin der Liebe,
der Göttin aller Hulden,
wär einzig dies versagt,
Trost dem Freunde zu weihn?
Wie einst, lächelnd unter Tränen,
ich sehnsuchtsvoll dir lauschte,
den stolzen Sang zu hören,
der rings so lang mir verstummt;
O! sag, wie könntest je du wohl wähnen,
daß ungerührt ich bliebe,
dräng zu mir einst deiner Seele Seufzen,
hört ich dein Klagen?
Daß letzte Tröstung
in deinem Arm ich fand,
o laß des mich nicht entgelten,
verschmäh einst auch du nicht meinen Trost!
*(in Verzweiflung ausbrechend)*
Kehrst du mir nicht zurück,
so treffe Fluch die ganze Welt!
Und für ewig sei öde sie,
aus der die Göttin wich!
O kehr, (*verzweiflungsvoll flehend)* kehr wieder!

*Tannhäuser ruft nun, um seine Trennung von Venus – die immer noch darum kämpft, er möge eines Tages, enttäuscht von den Menschen, in ihre Arme zurückkehren – unwiderruflich festzulegen, die stärkste Gegenspielerin der heidnischen Liebesgöttin an: Maria, die Himmelskönigin des Christentums:*

*Tannhäuser:*
Nie mehr erfreu mich Liebes-
glück!
*Venus:*
Kehr wieder, wenn dein Herz
dich zieht!

*Tannhäuser:*
Für ewig dein Geliebter flieht.

*Venus:*
Wenn alle Welt dich von sich
stößt?

*Tannhäuser:*
Vom Bann werd' ich durch
Buß' erlöst.

*Venus:*
Nie wird Vergebung dir zuteil!
Kehr wieder, schließt sich dir
das Heil!

Trau meiner Huld, meiner Lie-
be!
*Tannhäuser:*
Wer, Göttin, dir entfliehet,
flieht ewig jeder Huld!
*Venus:*
Nicht wehre stolz deinem Seh-
nen,
wenn zurück zu mir es dich
zieht.
*Tannhäuser:*
Mein Sehnen drängt zum
Kampfe,
nicht such ich Wonn und Lust!
Ach mögest du es fassen, Göt-
tin! *(wild)*
hin zum Tod, den ich suche,
zum Tode drängt es mich!
*Venus:*
Kehr zurück, wenn der Tod
selbst dich flieht,
wenn vor dir das Grab selbst
sich schließt!
*Tannhäuser:*
Den Tod, das Grab, hier im
Herzen ich trag,
durch Buß und Sühne wohl
find ich Ruh für mich!
*Venus:*
Nie ist Ruh dir beschieden,
nie findest du Frieden!
Kehr wieder mir, suchst einst
du dein Heil!

*(12)*

*Wagner stützt diesen Ausruf mit einem reinen, klaren (D-Dur-) Akkord der Holzbläser und Hörner; ein Effekt, der nach dem langen Wogen dissonanter, spannungs- und sinnlichkeitsgeladener Klänge wie ein reinigender Blitzstrahl in jagendes Gewölk wirkt. (Zu einer sehr ähnlichen Wirkung greift Wagner, fast 40 Jahre später, nochmals in »Parsifal«, wenn der Zaubergarten Klingsors unter dem Zeichen des Kreuzes versinkt). Und unmittelbar nach Tannhäusers Marienruf bricht das »Reich der Wonnen«, Venus' unterirdische traumartige Landschaft, zusammen unter rasenden, wilden Klängen des vollen Orchesters.*

*Aus dem abflauenden Toben führt der sanfte Ton einer Klarinette in die liebliche Frühlingslandschaft des Thüringerwaldes über. Ein Englischhorn übernimmt dessen Melodie: Ein Hirte bläst auf seiner Schalmei, froh, unbeschwert, jung erhebt er dann seine knabenhafte Stimme:*

*(Fortsetzung des Notenbeispiels S. 48)*

*Tannhäuser:*
Mein Heil! Mein Heil ruht in Maria!

*(Venus sinkt mit einem Schrei zusammen und verschwindet. Mit Blitzesschnelle verändert sich die Bühne.)*

*Tannhäuser:*
Göttin der Wonn und Lust!
Nein! ach nicht in dir find ich
Frieden und Ruh!
Mein Heil liegt in Maria!
*(Venus verschwindet. Die Szene verwandelt sich schnell.)*

## DRITTER AUFTRITT

*Tannhäuser, der seine Stellung nicht verlassen, findet sich plötzlich in ein schönes Tal versetzt. Blauer Himmel, heitere Sonnenbeleuchtung. – Rechts im Hintergrunde die Wartburg; durch die Talöffnung nach links erblickt man den Hörselberg. – Rechts führt auf der halben Höhe des Tales ein Bergweg von der Richtung der Wartburg nach dem Vordergrunde zu, wo er dann seitwärts abbiegt; in demselben Vordergrund ist ein Muttergottesbild, zu welchem ein niedriger Bergvorsprung hinaufführt. – Von der Höhe links vernimmt man das Geläute von Herdenglocken; auf einem hohen Vorsprunge sitzt ein junger Hirt mit der Schalmei.*

*Hirt:* Frau Holda kam aus dem Berg hervor,
zu ziehn durch Fluren und Auen;
gar süßen Klang vernahm da mein Ohr,
mein Auge begehrte zu schauen[1].

[1] PF: Eingeschoben als Regieanweisung: »(Er spielt.)«

(13)

*In ernstem, aber keineswegs düsterem Kontrast wird der Gesang der Pilger hörbar; er mischt sich völlig natürlich in die Klänge der Schalmei (Englischhorn), ein Bild von Hoffnung und frühlingshafter Auferstehung.*

(14)

Da träumt' ich manchen holden Traum,
und als mein Aug' erschlossen kaum,
da strahlte warm die Sonnen,
der Mai, der Mai war kommen.
Nun spiel ich lustig die Schalmei,
der Mai ist da, der liebe Mai!

*(Er spielt auf der Schalmei. Man hört den Gesang der älteren Pilger, welche, von der Richtung der Wartburg herkommend, auf dem Bergwege sich nähern.)*

*Gesang der älteren Pilger:*

Zu dir wall ich, mein Jesus Christ,
der du des Pilgers[1] Hoffnung bist!
Gelobt sei, Jungfrau süß und rein,
der Wallfahrt wolle günstig sein!

[1] UF: »Sünders«.

*Der Hirte hat im Spiel innegehalten und hört andächtig dem frommen (a-cappella-)Gesang der Pilger zu, die nach Rom ziehen.*

*Erst mit dem überwältigenden Ausbruch Tannhäusers gewinnt die Szene erneut an Dramatik, setzt auch, nach kurzen Anläufen in der Bratsche, die des Hirten Worte untermalen, das volle Orchester wieder ein.*

*Die letzten Klänge der abziehenden Pilger sind von Schalmei- und Streicherklängen untermalt.*

*Tannhäusers gebetartige Melodiephrasen sind auf einem der Motive des Pilgerchors aufgebaut (2. Teil von Beispiel Nr. 1!). Sehr zart untermalen die Streicher in tiefer Lage seinen Gesang. Noch einmal dringt der schon sehr ferne Priestergesang an sein Ohr.*

*(Der Hirt, den Gesang vernehmend, hält auf der Schalmei ein und hört andächtig zu.)*

Ach, schwer drückt mich der Sünden Last,
kann länger sie nicht mehr ertragen;
drum will ich auch nicht Ruh noch Rast
und wähle gern mir Müh und Plagen,
Am hohen Fest der Gnad und Huld[1]
in Demut sühn ich meine Schuld;
gesegnet, wer im Glauben treu:
er wird erlöst durch Buß und Reu.

*Der Hirt (als die Pilger auf der Höhe ihm gegenüber ankommen, ruft ihnen, die Mütze schwenkend, laut zu):*

Glück auf! Glück auf nach Rom!
Betet für meine arme Seele!

*Tannhäuser (tief ergriffen auf die Knie sinkend):*

Allmächt'ger, dir sei Preis!
Groß sind die Wunder deiner Gnade.

*(Der Zug der Pilger biegt von hier an auf dem Bergwege bei dem Muttergottesbilde links ab und verläßt so die Bühne. Der Hirt entfernt sich ebenfalls mit der Schalmei rechts von der Höhe; man hört die Herdenglocken immer entfernter.)*

*Pilgergesang:*

Zu dir wall ich, mein Jesus Christ,
der du des Pilgers Hoffnung bist!
Gelobt sei, Jungfrau süß und rein,
der Wallfahrt wolle günstig sein!

*Tannhäuser (auf den Knien, wie in brünstiges Gebet versunken):* Ach, schwer drückt mich der Sünden Last,
kann länger sie nicht mehr ertragen;
drum will ich auch nicht Ruh und Rast
und wähle gern mir Müh und Plagen.

*(Tränen ersticken seine Stimme; er neigt das Haupt tief zur Erde und scheint heftig zu weinen. Aus dem Hintergrunde, sehr entfernt, hört man Glockengeläute.)*

*Pilgergesang (sehr entfernt):*

Am hohen Fest der Gnad und Huld[1]

[1] UF: Für »Gnad und Huld« steht »Gnadenhuld«.

*Von mehreren Seiten her erklingen, langsam stärker werdend und näher kommend, fröhliche Jagdhörner. Sehr bewußt baut Wagner in dieser Szene den musikalischen Kontrast aus, der sie von der vorangegangenen im Zauberreich der Venus überzeugend abhebt: Schalmei, klarer dissonanzloser Priestergesang in einfachen Intervallen, ebenso schlichtes Hörnerblasen in vollendeten Harmonien, vielleicht noch zeitweises Glockengeläut aus der Ferne (Wagner deutet es in einer Regieanweisung an), dazu frühlingshaftes Blühen und Sprießen auf Wiesen und im Wald, Sonnenschein: Stärker könnte für Auge und Ohr der Gegensatz zum »Venusberg« nicht geschildert werden, der auch rein musikalisch in der Themenwahl, der Instrumentation, der Spannungskraft der Harmonien u. a. ausgedrückt ist. Trotzdem belebt starke Bewegung auch die Wiedersehensszene, die nun folgt:*

*(15)*

in Demut sühn ich meine Schuld;
gesegnet, wer im Glauben treu!
*(Der Gesang verliert sich hier gänzlich.)*
*(Während sich der Klang von Jagdhörnern von der Höhe links her immer mehr nähert, schweigt das entfernte Glockengeläute.)*

VIERTER AUFTRITT

*Von der Anhöhe links herab aus einem Waldwege treten der Landgraf und die Sänger, in Jägertracht, einzeln auf.*

*Landgraf (auf halber Höhe, Tannhäuser erblickend):*
Wer ist der dort im brünstigen Gebete?
*Walter:* Ein Büßer wohl.
*Biterolf:* Nach seiner Tracht ein Ritter.
*Wolfram (eilt auf Tannhäuser zu und erkennt ihn):*
Er ist es! Er ist es!
*Die übrigen Sänger:*
Heinrich! Heinrich! Seh ich recht?
*(Tannhäuser, der überrascht schnell aufgefahren ist, verneigt sich stumm gegen den Landgrafen, nachdem er einen flüchtigen Blick auf ihn und die Sänger geworfen.)*
*Landgraf:* Du bist es wirklich? Kehrest in den Kreis
zurück, den du in Hochmut stolz verließest?
*Biterolf:*
Sag, was uns deine Wiederkehr[1] bedeutet?
*Walter, Heinrich der Schreiber, Reinmar, Landgraf:*
Sag es an!

[1] UF: »Wiederkunft«.

*Für einen Augenblick scheint alte Feindschaft oder zumindest früheres Mißtrauen die Musik zu trüben und zu verwirren. Da bringen Wolframs herzliche Worte eine Klärung. Er bietet Tannhäuser die Freundschaftshand, und sofort lenkt die Musik auf klare, eindeutige Akkorde ein:*

*(16)*

*Der Bann ist gebrochen, Tannhäuser wird nun von allen willkommen geheißen.*
*Doch eine neue Trübung kündet sich an, als Tannhäuser auf die Frage seiner langen Abwesenheit ausweichend antwortet. Scheu will er auch von einer Rückkehr in den einstigen Kreis der Kameraden nichts wissen, will weiterziehen. Doch sie lassen ihn nicht mehr gehen, suchen ihn mit drängenderen Worten zu überreden, wobei sie das Orchester, nun immer bewegter, unterstützt.*

*Biterolf:* Versöhnung? Oder gilt's erneuten Kampf?
*Walter:* Nahst du als Freund uns oder Feind?
*Die Sänger (außer Wolfram):*
Als Feind?
*Wolfram:*
O fraget nicht! Ist dies des Hochmuts Miene? –
*(Er geht freundlich auf Tannhäuser zu.)*
Gegrüßt sei uns, du kühner Sänger,
der, ach! so lang in unsrer Mitte fehlt'!
*Walter:* Willkommen, wenn du friedlich nahst!
*Biterolf:* Gegrüßt, wenn du uns Freunde nennst!
*Walter, der Schreiber, Biterolf, Reinmar:*
Gegrüßt! Gegrüßt sei uns!
*Landgraf:* So sei willkommen denn auch mir!
Sag an, wo weiltest du so lang?
*Tannhäuser:* Ich wanderte in weiter, weiter Fern' –
da, wo ich nimmer Rast noch Ruhe fand.
Fragt nicht! Zum Kampf mit euch kam ich nicht her.
Seid mir versöhnt und laßt mich weiterziehn!
*Landgraf:*
Nicht doch! Der unsre bist du neu geworden.
*Walter:* Du darfst nicht ziehn.
*Biterolf:* Wir lassen dich nicht fort.
*Walter, der Schreiber, Wolfram, Reinmar, Landgraf:* Bleib bei uns!
*Tannhäuser:*
Laßt mich! Mir frommet kein Verweilen,
*Landgraf und die Sänger:* O bleib, o bleib!
*Tannhäuser:* ... und nimmer kann ich rastend stehn.
*Landgraf und die Sänger:*
O bleib, bei uns sollst du verweilen,
wir lassen dich nicht von uns gehn.
*Tannhäuser:*
Mein Weg heißt mich nur vorwärts eilen,
*Landgraf und die Sänger:*
Du suchtest uns, warum enteilen
nach solchem kurzen Wiedersehn?
*Tannhäuser:*
... und nimmer darf ich rückwärts sehn.

*Doch erst Wolframs Ruf bewegt den beinahe Fremdgewordenen:*

*(17)*

*Es kann kein Zufall sein, daß Wagner hier beim Wort »Elisabeth« den gleichen klaren (D-Dur-)Akkord setzt, mit dem er am Schluß der Venusberg-Szene den Namen »Maria« unterstrich, und noch dazu in gleicher Instrumentation (Holzbläser und Horn). Hier ist wohl schon Elisabeths künftiges Schicksal vorausgeahnt: die »Heiligkeit«, das Opfer ihres Lebens zur Erlösung Tannhäusers. Erschüttert steht dieser, als er den Namen hört. Bekommt seine Flucht aus den Armen der Venus jetzt einen tieferen Sinn? Wolfram schildert nun in einer längeren Erzählung, was in Tannhäusers Abwesenheit am Hofe des Landgrafen auf der Wartburg vorgefallen ist.*

*Erneut bestürmen die einstigen und nun wiedergewonnenen Freunde Tannhäuser um Rückkehr, um Heimkehr. Wagner baut die Szene zu einem großen Ensemble der Stimmen aus: der wachsenden Freude Tannhäusers, die sich nun immer stärker offenbart, steht die Gruppe der Minnesänger gegenüber, aus der sich des öfteren Wolframs Stimme löst, um die Führung zu übernehmen und zum direkten Partner Tannhäusers zu werden. Ja, nach alter Opernart (hier ist Wagner gar nicht so*

rückwärts darf ich niemals sehn.
Fort! Fort von hier! Laßt mich!
*Walter, der Schreiber, Biterolf, Reinmar, Landgraf:*
Bleib! Bleib bei uns!
*Wolfram (mit erhobener Stimme):*
Bleib bei Elisabeth!
*Tannhäuser (heftig und freudig erschüttert, bleibt wie festgebannt stehen):*
Elisabeth! O Macht des Himmels,
rufst du den süßen Namen mir?
*Wolfram:* Nicht sollst du Feind mich schelten,
daß ich ihn genannt! *(Zum Landgrafen.)*
Erlaubest du mir, Herr, daß ich
Verkünder seines Glücks ihm sei?
*Landgraf:* Nenn ihm den Zauber, den er ausgeübt,
und Gott verleih ihm Tugend,
daß würdig er ihn löse!
*Wolfram:* Als du in kühnem Sange uns bestrittest,
bald siegreich gegen unsre Lieder sangst,
durch unsre Kunst Besiegung bald erlittest:
ein Preis doch war's, den du allein errangst.
War's Zauber, war es reine Macht,
durch die solch Wunder du vollbracht,
an deinen Sang voll Wonn und Leid
gebannt die tugendreichste Maid?
Denn, ach! als du uns stolz verlassen,
verschloß ihr Herz sich unsrem Lied;
wir sahen ihre Wang' erblassen,
für immer unsren Kreis sie mied.
O kehr zurück, du kühner Sänger,
dem unsren sei dein Lied nicht fern.
Den Festen fehle sie nicht länger,
aufs neue leuchte uns ihr Stern!
*Die Sänger:*
Sei unser, Heinrich! Kehr uns wieder!
Zwietracht und Streit sei abgetan!
Vereint ertönen unsre Lieder,
und Brüder nenne uns fortan!
*Landgraf:* O kehr zurück, du kühner Sänger,
Zwietracht und Streit sei abgetan!

*fern von Bellini etwa oder sogar vom jungen Verdi) geht das Ensemble in steter Steigerung gegen den Aktschluß zu in eine »stretta« über, eine Tempobeschleunigung und Klangmassierung, wie er selbst sie zuletzt in seinem »Rienzi« angewendet hat (und zu der er selbst kaum je zurückkehren wird).*

*Tannhäuser (innig gerührt, umarmt Wolfram und die Sänger mit Heftigkeit):*[1]
Zu ihr! Zu ihr! Oh, führet mich zu ihr!
*Landgraf und die Sänger:*
Er kehrt zurück, den wir verloren!
*Tannhäuser:*
Ha, jetzt erkenne ich sie wieder,
die schöne Welt, der ich entrückt!
*Landgraf und die Sänger:*
Ein Wunder hat ihn hergebracht.
*Tannhäuser:*
Der Himmel blickt auf mich hernieder,
die Fluren prangen reich geschmückt.
*Landgraf und die Sänger:*
Die ihm den Übermut beschworen,
gepriesen sei die holde Macht!
*Tannhäuser:*
Der Lenz mit tausend holden Klängen
zog jubelnd in die Seele mir;
*Landgraf und die Sänger:*
Nun lausche unsren Hochgesängen
von neuem der Gepriesnen Ohr!
Es tön in frohbelebten Klängen
das Lied aus jeder Brust hervor!
*Tannhäuser:* in süßem, ungestümen Drängen
ruft laut mein Herz: zu ihr, zu ihr!
Führt mich zu ihr!

*(Während des Vorhergehenden hat sich nach und nach der ganze Jagdtroß des Landgrafen mit Falkenträgern usw. auf der Bühne versammelt. Die Jäger stoßen in die Hörner. Das ganze Tal wimmelt jetzt vom immer stärker angewachsenen Jagdtroß. Der Landgraf und die Sänger wenden sich den Jägern zu. Der Landgraf stößt in sein Horn: lautes Hornschmettern und Rüdengebell antworten ihm. Während der Landgraf und die Sänger die Pferde, die ihnen von der Wartburg zugeführt worden sind, besteigen, fällt der Vorhang.)*

[1] PF: Hier lautet die Regieanweisung: (Tannhäuser, von heftiger Rührung ergriffen, stürzt sich in Wolframs Arme, begrüßt der Reihe nach jeden der Sänger und verneigt sich innig dankend vor dem Landgrafen.)

*Die musikalische Einleitung zum zweiten Akt nimmt die Hochstimmung, den Jubel Elisabeths voraus: Der, dem sie in scheuer Jungmädchenart ihr Herz geweiht, ist nach längerer, rätselhafter Abwesenheit zurückgekehrt. Damit gewinnt auch das bevorstehende Fest der Minnesänger, an dem er endlich wieder teilnehmen soll, neuen Glanz.*

*Und so rufen bereits im Vorspiel die hellen Hörner (Wagner teilt sie in Wald- und Ventilhörner, eine Unterscheidung, die heute nicht immer beachtet wird) festlich und strahlend zur Zusammenkunft der Noblen des gesamten Gaues, des ganzen Thüringer Landes. Die Streicher jauchzen auf, wie in stürmischen Fanfaren, um dann in ein Thema der (späteren) Arie Elisabeths in festlichem Marschrhythmus einzumünden. Dann abermals ein stürmischer Aufschwung, der von den Streichern ausgeht; auf dem Höhepunkt öffnet sich der Vorhang. In »freudiger Bewegung« tritt Elisabeth ein:*

*(18)*

*Bei ihren ersten Worten setzt das Orchester aus, und der ganze Jubel konzentriert sich in ihrer Stimme. Die »Hallenarie« ist ein wahres Glanzstück für strahlende, jugendlich-dramatische Soprane.*

## ZWEITER AUFZUG

*Die Sängerhalle auf der Wartburg, im Hintergrunde offene Aussicht auf den Hof und das Tal.*

### ERSTER AUFTRITT

*Elisabeth (freudig bewegt):*

Dich, teure Halle, grüß ich wieder,
froh grüß ich dich, geliebter Raum!
In dir erwachen seine Lieder
und wecken mich aus düstrem Traum.
Da er aus dir geschieden,
wie öd erschienst du mir!
Aus mir entfloh der Frieden,
die Freude zog aus dir.
Wie jetzt mein Busen hoch sich hebet,
so scheinst du jetzt mir stolz und hehr.
Der mich und dich so neu belebet,
nicht länger weilt er ferne mehr.
Sei mir gegrüßt! Sei mir gegrüßt!
Du teure Halle, sei mir gegrüßt!

*(Tannhäuser, von Wolfram geleitet, tritt mit diesem aus der Treppe im Hintergrunde auf.)*

*Mit einem ungestümen Streicherlauf stürzt Tannhäuser zu Elisabeths Füßen. Das Orchester scheint deren Herzklopfen zu malen. Es kristallisiert seine Klänge schließlich in einer sehr ausdrucksvollen Klarinettenmelodie, die später von den ersten Geigen übernommen wird.*

*Die bis hierher zwar stets bewegte, aber doch vorwiegend helle und klare Musik nimmt durch chromatische Wendungen einen Zug ins Geheimnisvolle an, als die Rede auf Tannhäusers Abwesenheit kommt. Das Orchester drückt die »Ferne« aus, in der er geweilt, das »dichte Vergessen«, in das er die Erlebnisse des Venusbergs zurückdämmen will.*

*Das Liebesduett, das sich entwickelt – man kann es kaum anders bezeichnen, obwohl gerade das Wort »Liebe« zwischen beiden nicht ausgesprochen wird –, erinnert noch an »alte« Oper und zeigt deutlich den Ursprung Wagners in der frühen Romantik: Ziergesang mit Vorschlägen und Mordenten, melodiöse Phrasen, die nur ausnahmsweise einem rezitativischeren Deklamieren weichen.*

ZWEITER AUFTRITT

*Wolfram:* Dort ist sie; nahe dich ihr ungestört!
*(Er bleibt, an die Mauerbrüstung gelehnt, im Hintergrunde.)*
*Tannhäuser (ungestüm zu den Füßen Elisabeths stürzend):*
O Fürstin!
*Elisabeth (in schüchterner Verwirrung):*
Gott! Stehet auf! Laßt mich! Nicht darf
ich Euch hier sehn! *(Sie will sich entfernen.)*
*Tannhäuser:* Du darfst! O bleib und laß
zu deinen Füßen mich!
*Elisabeth (sich freundlich zu ihm wendend):*
So stehet auf!
Nicht sollet hier Ihr knien, denn diese Halle
ist Euer Königreich. Oh, stehet auf!
Nehmt meinen Dank, daß Ihr zurückgekehrt! –
Wo weiltet Ihr so lange?
*Tannhäuser (sich langsam erhebend):*
Fern von hier
in weiten, weiten Landen. Dichtes Vergessen
hat zwischen Heut und Gestern sich gesenkt.
All mein Erinnern ist mir schnell geschwunden,
und nur des einen muß ich mich entsinnen,
daß ich nie mehr gehofft, Euch zu begrüßen,
noch je zu Euch mein Auge zu erheben.
*Elisabeth:*
Was war es dann, das Euch zurückgeführt?
*Tannhäuser:* Ein Wunder war's,
ein unbegreiflich hohes Wunder!
*Elisabeth (freudig aufwallend):*
Ich preise dieses Wunder[1]
aus meines Herzens Tiefe!
*(Sich mäßigend, in Verwirrung.)*
Verzeiht, wenn ich nicht weiß, was ich beginne!
Im Traum bin ich und tör'ger als ein Kind,
machtlos der Macht der Wunder preisgegeben.
Fast kenn ich mich nicht mehr; oh, helfet mir,

[1] UF: Dieser Vers lautet: »Gepriesen sei dies Wunder«.

*Schließlich eine fast arienhafte, hymnische Melodie Tannhäusers, die – ganz nach Opernart der früheren Zeit – in eine Duettstelle übergeht, die beide Stimmen in gleichem Rhythmus und parallelen Terzen und Sexten vereint:*

*(Fortsetzung des Notenbeispiels S. 66)*

daß ich das Rätsel meines Herzens löse!
Der Sänger klugen Weisen
lauscht' ich sonst wohl gern und viel;
ihr Singen und ihr Preisen
schien mir ein holdes Spiel.
Doch welch ein seltsam neues Leben
rief Euer Lied mir in die Brust!
Bald wollt' es mich wie Schmerz durchbeben,
bald drang's in mich wie jähe Lust.
Gefühle, die ich nie empfunden!
Verlangen, das ich nie gekannt! –
Was sonst[1] mir lieblich, war verschwunden
vor Wonnen, die noch nie genannt!
Und als Ihr nun von uns gegangen –
war Frieden mir und Lust dahin;
die Weisen, die die Sänger sangen,
erschienen matt mir, trüb ihr Sinn.
Im Traume fühlt' ich dumpfe Schmerzen,
mein Wachen ward trübsel'ger Wahn;
die Freude zog aus meinem Herzen –
Heinrich! Heinrich! Was tatet Ihr mir an?

*Tannhäuser (begeistert):*
Den Gott der Liebe sollst du preisen,
er hat die Saiten mir berührt,
er sprach zu dir aus meinen Weisen,
zu dir hat er mich hergeführt!

*Elisabeth und Tannhäuser:* Gepriesen sei die Stunde,
gepriesen sei die Macht,
die mir so holde Kunde

*Elisabeth:* von Eurer Näh' gebracht!

*Tannhäuser:* aus deinem Mund gebracht.
Dem neu erkannten Leben
darf ich mich mutig weihn;

[1] UF: Für »sonst« steht »einst«.

*(19)*

*Für einen kurzen Augenblick mischt Wolframs Stimme sich in den inbrünstigen Zwiegesang, ohne von Elisabeth und Tannhäuser gehört und beachtet zu werden. In immer stürmischerem Jubel geht deren Duett neuen Höhepunkten und schließlich dem Ende zu.*

*Die Erregung zittert noch in einem Fortissimo-Nachspiel des (nahezu kompletten) großen Orchesters nach. Sie beruhigt sich erst, als Tannhäuser abgegangen ist und Elisabeth ihm sehnsüchtig nachblickt. Da kehrt die innige Klarinettenmelodie wieder, die das Duett eingeleitet hatte (die Klarinette scheint in dieser Oper Wagners besonderes Lieblingsinstrument gewesen zu sein).*

*Mit einem neuen Rhythmus betritt der Landgraf die Halle. Seine ersten Worte an Elisabeth sind, ohne Begleitung, rezitativisch gehalten. Erst allmählich geht diese frei deklamierte (aber doch taktmäßig gebundene und festgelegte) Gesangsweise in melodiösere, genau dem Inhalt der Worte entsprechende Phrasen über, die stärkere innere Bewegung verraten. Im gleichen Maße steigt der Anteil des Orchesters, das hier allerdings stets in durchsichtiger, durchhörbarer Form begleitet. Dann gehen des Landgrafen Worte wieder ins Rezitativ zurück, als bemächtige sich nach der seelischen Erregung über den ungewöhnlichen Zustand seiner Nichte nun seiner wieder die Pflicht des landesväterlichen Fürsten. Aus dem Burghof klingen festliche Trompeten herauf; und der Stimme des Landgrafen merkt man die stolze Freude auf das große Ereignis an, zu dem er geladen hat.*

*Elisabeth:* Von Wonneglanz umgeben
lacht mir der Sonne Schein;
*Tannhäuser:* ich nenn in freud'gem Beben
sein schönstes Wunder mein!
*Elisabeth:* erwacht zu neuem Leben,
nenn ich die Freude mein!

*Wolfram (im Hintergrunde):*
So flieht für dieses Leben
mir jeder Hoffnungsschein!
*(Tannhäuser trennt sich von Elisabeth; er geht auf Wolfram zu, umarmt ihn heftig und entfernt sich mit ihm über die Treppe. Elisabeth blickt Tannhäuser vom Balkon aus nach.)*

DRITTER AUFTRITT

*Der Landgraf tritt aus einem Seitengange ein; Elisabeth eilt auf ihn zu und birgt ihr Gesicht an seiner Brust.*

*Landgraf:* Dich treff ich hier in dieser Halle, die
so lange du gemieden? Endlich denn
lockt dich ein Sängerfest, das wir bereiten?
*Elisabeth:* Mein Oheim! O mein güt'ger Vater!
*Landgraf:* Drängt es dich, dein Herz mir endlich zu
erschließen?
*Elisabeth:* Sieh mir ins Auge!
Sprechen kann ich nicht.
*Landgraf:* Noch bleibe denn unausgesprochen
dein süß Geheimnis kurze Frist;
der Zauber bleibe ungebrochen,

*Der »Einzug der Gäste« beginnt, ein langes, marschartiges Orchesterstück, in das beim Auftreten der Geladenen auch deren Chor tritt. Es wird im wesentlichen von drei Themen oder Motiven beherrscht. Das erste, ein würdevolles Schreiten:*

*(20)*

*Das zweite, anmutig und schwungvoll:*

*(Fortsetzung des Notenbeispiels S. 70)*

bis du der Lösung mächtig bist. –
So sei's! Was der Gesang so Wunderbares
erweckt und angeregt, soll heute er
enthüllen und[1] mit Vollendung krönen.
Die holde Kunst, sie werde jetzt zur Tat!
*(Man hört Trompeten im Burghofe.)*
Schon nahen sich die Edlen meiner Lande,
die ich zum seltnen Fest hieher beschied;
zahlreicher nahen sie als je, da sie
gehört, daß du des Festes Fürstin seist.
*(Trompeten hinter der Bühne.)*

VIERTER AUFTRITT

*(Der Landgraf und Elisabeth treten an den Balkon, um nach der Ankunft der Gäste zu sehen. Vier Edelknaben treten auf und melden an. Sie erhalten vom Landgrafen Befehl für den Empfang usw.)*
*(Es treten die Ritter und Grafen einzeln mit Edelfrauen und Gefolge, welches im Hintergrunde bleibt, ein und werden vom Landgrafen und Elisabeth empfangen.)*

[1] UF: Für »und« steht »auch«.

*(21)*

*Das dritte, von männlicher Kraft und Entschlossenheit:*

*(22)*

*Alle drei werden zuerst rein orchestral gebracht und danach vom Chor wiederholt, als dieser sich in den Hauptträger der Szene wandelt. Sie ist regiemäßig nicht ganz leicht zu lösen und kann, ja soll etwas Choreographisches an sich haben: Das Mittelalter dürfte einen ausgeprägten Sinn für Zeremoniell, Rangordnung und Festegestaltung besessen haben. (Ob hier, mit höfischen Tänzen, nicht eine Gelegenheit für Wagner gewesen wäre, dem dringlichen Wunsch der Pariser nach einem »Ballett im 2. Akt« nachzukommen?)*

*Das geschlossene Musikstück des »Einzugs« ist vorüber, alle haben ihre Plätze eingenommen und harren gespannt der Dinge, die sie erleben sollen. Feierlich ergreift der Landgraf das Wort:*

*(Notenbeispiel s. S. 72)*

*Chor:* Freudig begrüßen wir die edle Halle,
wo Kunst und Frieden immer nur verweil',
wo lange noch der frohe Ruf erschalle:
Thüringens Fürsten, Landgraf Hermann, Heil!

*(Die Versammelten haben alle die ihnen angewiesenen, einen großen Halbkreis bildenden Plätze eingenommen.)*

*(Trompeten auf der Bühne. – Die Sänger treten auf, begrüßen feierlich die Versammlung und werden von den Edelknaben nach ihren Sitzen geleitet.)*

*(23)*

*In der langen Ansprache des Landgrafen hat Wagner wieder vor allem auf Textdeutlichkeit geachtet. Die Orchesterbegleitung ist äußerst sparsam behandelt, länger liegende Akkorde erfahren nach ihrem Anspielen ein sofortiges Diminuendo, um die Singstimme klar hervortreten zu lassen, die stärksten Einwürfe erfolgen in den Atempausen des Sängers. Er begrüßt Tannhäuser, den Zurückgekehrten, stellt das Thema des Sängertreffens: die Liebe, und überläßt es dem Sieger, den Preis zu fordern, »so hoch und kühn er wolle«.*

*Starke Bewegung geht durch die Reihen der Versammelten, als der Landgraf geendet; sie brechen in Jubel aus, der durch 12 Trompeten auf der Bühne und drei im Orchester unterstrichen wird.*

*Landgraf (erhebt sich):*
Gar viel und schön ward hier in dieser Halle
von euch, ihr lieben Sänger, schon gesungen;
in weisen Rätseln wie in heitren Liedern
erfreutet ihr gleich sinnig unser Herz.
Wenn unser Schwert in blutig ernsten Kämpfen
stritt für des deutschen Reiches Majestät,
wenn wir dem grimmen Welfen widerstanden
und dem verderbenvollen Zwiespalt wehrten:
so ward von euch nicht mindrer Preis errungen.
Der Anmut und der holden Sitte,
der Tugend und dem reinen Glauben
erstrittet ihr durch eure Kunst
gar hohen, herrlich schönen Sieg. –
Bereitet heute uns denn auch ein Fest,
heut, wo der kühne Sänger uns zurück-
gekehrt, den wir so ungern lang vermißten.
Was wieder ihn in unsre Nähe brachte,
ein wunderbar Geheimnis dünkt es mich.
Durch Liedes Kunst sollt ihr es uns enthüllen,
deshalb stell ich die Frage jetzt an euch:
könnt ihr der Liebe Wesen mir ergründen?
Wer es vermag, wer sie am würdigsten
besingt, dem reich' Elisabeth den Preis,
er fordre ihn, so hoch und kühn er wolle,
ich sorge, daß sie ihn gewähren solle. –
Auf, liebe Sänger! Greifet in die Saiten!
Die Aufgab' ist gestellt, kämpft um den Preis
und nehmet all im voraus unsren Dank!
*(Trompeten auf der Bühne)*

*Ritter und Edelfrauen:*
Heil! Heil! Thüringens Fürsten Heil!
Der holden Kunst Beschützer Heil!
*(Alle setzen sich.)*

*Während ein Motiv aus dem »Einzug der Gäste« erklingt (das variierte Motiv Nr. 21) – nun in sehr zarter, vor allem von Bläsern getragener Stimmführung – wird auf der Bühne die Auslosung der Reihenfolge vorgenommen.*

*Dann verkünden vier Edelknaben den Spruch: »Wolfram von Eschenbach, beginne!«; ihre hellen Stimmen (in Sopran- und Altlage) scheinen in freundlichem D-Dur den Auftakt zu einem frohen Fest geben zu wollen.*

*Nach einigen langen, nachdenklichen, tiefen Streichakkorden präludiert Wolfram ein wenig auf seiner Harfe (oder Leier, wie das kleine Instrument der Minnesänger auch bezeichnet werden kann, was in diesem Fall als von der griechischen Lyra abgeleitet gelten kann). Dann setzt seine ernste Stimme ein:*

*(24)*

*Mit äußerst sparsamer Begleitung, in stets ausdrucksvollem Gesang, den er zuweilen durch Arpeggien seines Instruments unterbricht, weiß Wolfram eine fast andächtige Stimmung zu schaffen, die seiner Auffassung des Themas entspricht.*

*Gegen Ende seines Liedes – so kann man diesen Beitrag zum Wettkampf der Sänger wohl nennen – wird die Begleitung ein klein wenig dichter, aber nur, um ganz zuletzt wieder in den früheren Rezitativcharakter zurückzukehren (der trotz der nur*

*(Die vier Edelknaben treten hervor; sie sammeln in einem goldenen Becher von jedem der Sänger seinen auf ein zusammengerolltes Blättchen gezeichneten Namen. – Darauf reichen sie den Becher Elisabeth, welche eines der Blättchen herauszieht und es wiederum den Edelknaben reicht; diese lesen den Namen und treten dann feierlich in die Mitte.)*

*Vier Edelknaben:*
Wolfram von Eschenbach, beginne!

*(Wolfram erhebt sich. – Tannhäuser stützt sich, wie in Träumerei verfallend, auf seine Harfe.)*

*Wolfram:* Blick ich umher in diesem edlen Kreise,
welch hoher Anblick macht mein Herz erglühn!
So viel der Helden, tapfer, deutsch und weise,
ein stolzer Eichwald, herrlich, frisch und grün.
Und hold und tugendsam erblick ich Frauen,
lieblicher Blüten düftereichsten Kranz.
Es wird der Blick wohl trunken mir vom Schauen,
mein Lied verstummt vor solcher Anmut Glanz. –
Da blick ich auf zu einem nur der Sterne,
der an dem Himmel, der mich blendet, steht:
es sammelt sich mein Geist aus jeder Ferne,
andächtig sinkt die Seele in Gebet.
Und sieh! Mir zeiget sich ein Wunderbronnen,
in den mein Geist voll hohen Staunens blickt:
aus ihm er schöpfet gnadenreiche Wonnen,
durch die mein Herz er namenlos erquickt.
Und nimmer möcht' ich diesen Bronnen trüben,
berühren nicht den Quell mit frevlem Mut:
in Anbetung möcht' ich mich opfernd üben,
vergießen froh mein letztes Herzensblut. –
Ihr Edlen mögt in diesen Worten lesen,
wie ich erkenn der Liebe reinstes Wesen!

*(Er setzt sich.)*

*sporadisch stützenden Begleitung nichts mit dem freirhythmischen Secco-Rezitativ der Italiener zu tun hat).*

*Leben kommt nun in den Saal, als die Anwesenden Wolfram lebhafte Zustimmung bekunden, das Orchester wird zusammenhängend, die Choreinsätze sind gestaffelt, so daß sie spontan wirken.*

*Hier hat Wagner in der Pariser Fassung wesentliche Veränderungen gegenüber jener von Dresden angebracht. In der früheren, also der Dresdener Fassung, fährt Tannhäuser sehr bald nach den Beifallsbezeugungen der Gäste für Wolfram auf und erwidert ihm. Die Antwort ist kurz, aber schon Vorbote der starken, bald nicht mehr zurückzudämmenden Erregung, die Tannhäuser nun immer mächtiger umfängt.*

*Die Ritter und Frauen (in beifälliger Bewegung):*
So ist's! So ist's! Gepriesen sei dein Lied!

*(Tannhäuser, der gegen das Ende von Wolframs Gesang wie aus dem Traume aufgefahren ist, erhebt sich.)*

*(Tannhäuser fährt wie aus dem Traume auf; seine trotzige Miene nimmt sofort den Ausdruck der Entzückung an, mit welchem er in die Luft vor sich hinstarrt; ein leises Zittern der Hand, die bewußtlos nach den Saiten der Harfe sucht, ein unheimliches Lächeln des Mundes zeigen an, daß ein fremder Zauber sich seiner bemächtigt. Als er dann, wie erwachend, kräftig in die Harfe greift, verrät seine ganze Haltung, daß er kaum mehr weiß, wo er ist und namentlich Elisabeth nicht mehr beachtet.)*

*Tannhäuser:*
Auch ich darf mich so glücklich nennen
zu schaun, was, Wolfram, du geschaut!
Wer sollte nicht den Bronnen kennen?
Hör, seine Tugend preis ich laut!
Doch ohne Sehnsucht heiß zu fühlen
ich seinem Quell nicht nahen kann.
Des Durstes Brennen muß ich kühlen,
getrost leg ich die Lippen an.
In vollen Zügen trink ich Wonnen,

*Ihm entgegnet, in der Dresdener Fassung, Walter von der Vogelweide. Er unterstützt Wolframs Auffassung des »reinen Bronnens« der Liebe, an dem niemand auch nur nippen dürfe, wolle man seine Wunderkraft nicht zerstören.*

in die kein Zagen je sich mischt:
denn unversiegbar ist der Bronnen,
wie mein Verlangen nie erlischt.
So, daß mein Sehnen ewig brenne,
lab an dem Quell ich ewig mich:
und wisse, Wolfram, so erkenne
der Liebe wahrstes Wesen ich!
*(Er setzt sich.)*

*(Elisabeth macht eine Bewegung, ihren Beifall zu bezeugen; da aber alles in ernstem Schweigen verharrt, hält sie sich schüchtern zurück.)*

*Walter von der Vogelweide (erhebt sich):*
Den Bronnen, den uns Wolfram nannte,
ihn schaut auch meines Geistes Licht;
doch, der in Durst für ihn entbrannte,
du, Heinrich, kennst ihn wahrlich nicht.
Laß dir denn sagen, laß dich lehren:
der Bronnen ist die Tugend wahr.
Du sollst in Inbrunst ihn verehren
und opfern seinem holden Klar.
Legst du an seinen Quell die Lippen,
zu kühlen frevle Leidenschaft,

*Auch Walter empfängt die laute Zustimmung der Gäste, wobei das vorher wiederum sehr sparsam eingesetzte Orchester volltönend den Chor stützt. Dessen Akkorde sind einfach und klar wie die Harmonien, die sie begleiten: Abbild einer »heilen Welt« (wie man im 20. Jahrhundert sagt, in dem man begonnen hat, sie in Frage zu stellen oder ihre Existenzmöglichkeit überhaupt zu bezweifeln).*

*Und abermals erhebt sich Tannhäuser, nun in kaum noch unterdrücktem Trotz, in Kämpferstellung. Man sieht es seinem flackernden Blick, seinen fast zitternd in die Saiten greifenden Händen an, daß seine Gedanken fernab weilen, daß Erlebnisse, leidenschaftliche Bilder in ihm auftauchen.*

*Die Pariser Fassung streicht Walter von der Vogelweides Beitrag. Sie legt nach dem Beifall für Wolfram ein längeres, erregteres Orchesterzwischenspiel ein, das Tannhäusers Seelenzustand spiegelt, aber auch seine äußerliche Wandlung vom irgendwie träumerisch abwesenden Zuhörer zum immer mehr zur Tat aufgerufenen »Zeugen« einer Liebe, wie von allen Männern dieses Kreises nur er allein sie kennengelernt hat.*

*Und so fährt er auf und schickt sich an, auf Wolframs Darstellung zu erwidern, nicht (wie in der Dresdener Fassung) auf die Walters: »O Wolfram, der du also sangest . . .« (anstatt: »O Walter, der du also sangest . . .«):*

*(Fortsetzung des Notenbeispiels S. 82)*

ja, wolltest du am Rand nur nippen,
wich' ewig ihm die Wunderkraft!
Willst du Erquickung aus dem Bronnen haben,
mußt du dein Herz, nicht deinen Gaumen laben.
*(Er setzt sich.)*

*Die Ritter und Frauen:*
Heil Walter! Preis sei deinem Liede!

*(Tannhäuser erhebt sich mit Heftigkeit.)*

*Tannhäuser:*
O Walter, der du also sangest,

*Tannhäuser:*
O Wolfram, der du also sangest,

du hast die Liebe arg entstellt!

(25)

*Das Orchester ist unter Tannhäusers Trutzgesang immer bewegter geworden, eine gewaltige Erregung ist nicht mehr zu unterdrücken. Zwar kehrt der Sänger zuletzt noch für einen Augenblick in die bei friedlichen Wettgesängen üblichen Formen zurück, aber kaum hat er geendet, bricht der Sturm los: Biterolf ist in höchstem Zorn aufgefahren:*

(26)

Wenn du in solchem Schmachten bangest,
versiegte wahrlich wohl die Welt.
Zu Gottes Preis in hoch erhabne Fernen,
blickt auf zum Himmel, blickt auf zu seinen Sternen!
Anbetung solchen Wundern zollt,
da ihr sie nicht begreifen sollt!
Doch was sich der Berührung beuget,

euch Herz und Sinnen nahe liegt,

mir Herz und Sinnen nahe liegt,

was sich, aus gleichem Stoff erzeuget,

in weicher Formung an euch schmiegt –
dem ziemt Genuß in freud'gem Triebe,
und im Genuß nur kenn ich Liebe!
*(Er setzt sich.)*

in weicher Formung an mich schmiegt,
ich nah ihm kühn, dem Quell der Wonnen,
in die kein Zagen je sich mischt,
denn unversiegbar ist der Bronnen,
wie mein Verlangen nie erlischt:
so, daß mein Sehnen ewig brenne,
lab an dem Quell ich ewig mich!
Und wisse, Wolfram,
so erkenne
der Liebe wahrstes Wesen ich.
*(Allgemeines Erstaunen: Elisabeth im Widerstreit mit Hingerissenheit und banger Befremdung.)*

*(Biterolf erhebt sich schnell und zornig.)*

*Biterolf:*

Heraus zum Kampfe mit uns allen!
Wer bliebe ruhig, hört er dich?
Wird deinem Hochmut es gefallen,
so höre, Lästrer, nun auch mich!
Wenn mich begeistert hohe Liebe,
stählt sie die Waffen mir mit Mut;

*Sein Lied ruft offen zum Kampf (Wagner unterstreicht es mit leisen, aber drohenden Trompeten- und Paukeneinwürfen). Kaum hat Biterolf geendet, bricht der Saal in tobenden Beifall aus, schon greifen die Männer an ihre Schwerter, um ihren Glauben an die »ritterliche«, die geistig-seelische Minne zu verteidigen.*

*Tannhäuser, erhitzt von Kampfeslust – hat er es in seinem Abschiedsgesang Venus nicht so versprochen? –, erzwingt sich mit zwei wilden Harfenakkorden noch einmal Aufmerksamkeit:*

*(27)*

*Er setzt seine eigenen Erlebnisse gegen die gewiß armseligen Biterolfs, – was will dieser ihn über die Liebe lehren? Kaum lassen die Anwesenden ihn enden; einige dringen schon gegen ihn vor. Die Stimmen, von heftigen Orchesterschlägen angefacht, steigern die Stimmung zum Tumult. Der Landgraf wirft sich dazwischen, mahnt zum Frieden. Wolfram erhebt sich, Ruhe tritt ein, deutlich vernimmt man den besänftigenden Klang seiner Harfe. Sein Lied wird zum flehenden Gebet an den Himmel; er fühlt und weiß, daß nun von ihm viel abhängt: der Frieden im Palast, vielleicht das Leben Tannhäusers, dem er sich trotz verschiedener Lebensauffassungen freundschaftlich verbunden fühlt, und vor allem Seelenruhe und Glück Elisabeths, die er heimlich liebt:*

*(Fortsetzung des Notenbeispiels S. 86)*

daß ewig ungeschmäht sie bliebe,
vergöss' ich stolz mein letztes Blut.
Für Frauenehr' und hohe Tugend
als Ritter kämpf ich mit dem Schwert;
doch, was Genuß beut deiner Jugend,
ist wohlfeil, keines Streiches wert.

*Ritter und Frauen (in tobendem Beifall):*
Heil, Biterolf!

*Die Ritter:* Hier unser Schwert!

*Tannhäuser (mit immer steigender Hitze auffahrend):*
Ha, tör'ger Prahler Biterolf!
Singst du von Liebe, grimmer Wolf?
Gewißlich hast du nicht gemeint,
was mir genießenswert erscheint.
Was hast du Ärmster wohl genossen?
Dein Leben war nicht liebereich,
und was von Freuden dir entsprossen,
das galt wohl wahrlich keinen Streich!

*Die Ritter (in größter Aufregung):*
Laßt ihn nicht enden! Wehret seiner Kühnheit!

*Landgraf (zu Biterolf, der das Schwert zieht):*
Zurück das Schwert! Ihr Sänger, haltet Frieden!

*Wolfram (erhebt sich. Bei seinem Beginn tritt sogleich wieder die größte Ruhe ein):*
O Himmel, laß dich jetzt erflehen,
gib meinem Lied der Weihe Preis!
Gebannt laß mich die Sünde sehen
aus diesem edlen, reinen Kreis!
Dir, hohe Liebe, töne
begeistert mein Gesang,

(28)

*Einer Hymne gleich singt er von idealer Liebe und legt in jedes seiner Worte die Kraft seiner Überzeugung und die Sehnsucht, jenen seltsamen Mann, der mit einem Fuß schon im Abgrund steht, zu ihr zu bekehren.*

*Doch nichts mehr vermag Tannhäuser zurückzureißen. »In äußerster Verzückung« (wie Wagner verlangt) oder »höchster Verzückung«, in wahrer Raserei der Erinnerung an unsagbare Freuden und Genüsse singt er nun sein Liebes-, sein Triumphlied an Venus (Beispiel Nr. 5). Ekstatisch greift er voll in die Saiten seiner Harfe, in den hohen Geigen flimmern die verführerischen Klänge des Venusbergs, es ist, als habe dessen rosiger, sinnlicher Schimmer den Saal der Wartburg mit zauberischem, unwirklichem Licht übergossen.*

*Dann bricht der Sturm in voller Stärke los, zerreißt das glitzernde Bild, das Tannhäusers Worte aufgerichtet, in tausend Stücke. Nun läßt Wagner Solisten und Chor und Orchester in vollem Tumult losrasen. Nur eine schweigt, leichenblaß: Elisabeth. Was ist das Entsetzen, die Entrüstung der Gäste gegen den Zusammenbruch der Welt, den sie durchlebt?*

die mir in Engels Schöne
tief in die Seele drang!
Du nahst als Gottgesandte,
ich folg aus holder Fern' –
so führst du in die Lande,
wo ewig strahlt dein Stern.

*Tannhäuser (springt auf in äußerster Verzückung):*
Dir, Göttin der Liebe, soll mein Lied ertönen!
Gesungen laut sei jetzt dein Preis von mir!
Dein süßer Reiz ist Quelle alles Schönen,
und jedes holde Wunder stammt von dir.
Wer dich mit Glut in seine Arme geschlossen,
was Liebe ist, kennt der, nur der allein –
Armsel'ge, die ihr Liebe nie genossen,
zieht hin, zieht in den Berg der Venus ein!
*(Allgemeiner Aufbruch und Entsetzen.)*
*Alle (außer Elisabeth):*
Ha, der Verruchte! Fliehet ihn!
Hört es! Er war im Venusberg!
*Die Edelfrauen:*
Hinweg! Hinweg aus seiner Näh'!
*(Die Frauen verlassen in größter Bestürzung und mit Gebärden des Abscheus die Halle. Elisabeth, die dem Streite der Sänger mit wachsender Angst zugehört hatte, bleibt von den Frauen allein zurück, bleich, nur mit dem Aufwande ihrer Kraft an einer der hölzernen Säulen des Baldachins sich aufrecht erhaltend. Der Landgraf, alle Ritter und Sänger haben ihre Sitze verlassen und treten zusammen. Tannhäuser, zur äußersten Linken, verbleibt noch eine Zeitlang in Verzückung.)*

*Die Männer haben sich zusammengerottet (ein klein wenig wie bei Goethe die braven Bürger der Kleinstadt gegen den von ihnen erkannten Mephisto) und drängen mit entblößten Schwertern gegen Tannhäuser vor. Wagner entfesselt alle in seinem großen Orchester geballten Kräfte, läßt Chöre und Solisten in ihren stimmkräftigsten Lagen die Empörung hinausschreien, die das nun vor sie gestellte Bild der Liebesgöttin Venus in ihnen hervorgerufen hat.*

*Da wirft sich, mit letzter Kraft, Elisabeth vor den Verbrecher, den Todgeweihten. Auf ihren Schrei (das hohe H) folgt eine lange, beklommene, beklemmende Pause. Dann Flüstern in Stimmen und Orchester. Und als die Drohung noch einmal anschwillt, deckt sie Tannhäuser mit dem eigenen Körper:*

*(Fortsetzung des Notenbeispiels S. 90)*

*Wolfram:*
Ihr habt's gehört!
*Landgraf, Sänger und Ritter:*
Ihr habt's gehört! Sein frevler Mund
tat das Verbrechen schrecklich kund.
Er hat der Hölle Lust geteilt,
im Venusberg hat er geweilt! –
Entsetzlich! Scheußlich! Fluchenswert!
In seinem Blute netzt das Schwert!
Zum Höllenpfuhl zurückgesandt,
sei er gefemt, sei er gebannt!
*(Alle dringen mit gezücktem Schwerte auf Tannhäuser ein.)*
*Elisabeth (stürzt dazwischen):*
Haltet ein!
*(Alle halten in größter Betroffenheit an.)*
*Walter, Biterolf, Reinmar:* Was hör ich?
*Landgraf, Ritter und Sänger:*
Wie? Was seh ich? Elisabeth!
Die keusche Jungfrau für den Sünder?

*Elisabeth (Tannhäuser mit ihrem Körper deckend):*
Zurück! Des Todes achte ich sonst nicht!
Was ist die Wunde eures Eisens gegen
den Todesstoß, den ich von ihm empfing?

*(29)*

*Noch weichen die Männer nicht von dem Verzweifelten, der nun zu erwachen scheint und das Ausmaß des Unglücks überblickt, das er nicht über sich, sondern über Elisabeth gebracht hat.*

*Zum dritten Mal muß sie die Kraft ihrer Reinheit einsetzen: es ist, als verkünde sie Gottes Willen. Langsam, sehr langsam löst sich – in gewaltigen Chören – die ungeheure Spannung, die Erregung, die alle umkrallt hält. Unter der Führung der lichten Stimme Elisabeths (der nun einzigen weiblichen Stimme, da alle Frauen entsetzt aus dem Saal geflohen sind) gehen Zorn und Wut allmählich zur Ruhe, als sei ein Engel vom Himmel herabgestiegen, mitten unter auf Tod und Leben kämpfende Feinde. Schließlich rafft sich unter energischen Orchesterklängen der Landgraf zu einer lösenden Entscheidung auf:*

*(Notenbeispiel S. 92, unten)*

*Landgraf, Ritter und Sänger:*
Elisabeth! Was muß ich hören?
Wie ließ dein Herz dich so betören,
von dem die Strafe zu beschwören,
der auch so furchtbar dich verriet?
*Elisabeth:* Was liegt an mir? Doch er – sein Heil!
Wollt ihr sein ewig Heil ihm rauben?
*Landgraf, Ritter und Sänger:*
Verworfen hat er jedes Hoffen,
niemals wird ihm des Heils Gewinn!
Des Himmels Fluch hat ihn getroffen;
in seinen Sünden fahr er hin!
*(Sie dringen von neuem auf Tannhäuser ein.)*
*Elisabeth:*
Zurück von ihm! Nicht ihr seid seine Richter!
Grausame! Werft von euch das wilde Schwert
und gebt Gehör der reinen Jungfrau Wort!
Vernehmt durch mich, was Gottes Wille ist!
Der Unglücksel'ge, den gefangen
ein furchtbar mächt'ger Zauber hält,
wie, sollt' er nie zum Heil gelangen
durch Sühn und Buß in dieser Welt?
Die ihr so stark im reinen Glauben,
verkennt ihr so des Höchsten Rat?
Wollt ihr des Sünders Hoffnung rauben,
so sagt, was euch er Leides tat?
Seht mich, die Jungfrau, deren Blüte
mit einem jähen Schlag er brach,
die ihn geliebt tief im Gemüte,
der jubelnd er das Herz zerstach!
Ich fleh für ihn, ich flehe für sein Leben,

Maestoso
**Landgraf**

reuvoll zur Buße lenke er den Schritt!
Der Mut des Glaubens sei ihm neu gegeben,
daß auch für ihn einst der Erlöser litt!

*Tannhäuser (in furchtbarer Zerknirschung zusammenstürzend):*
Weh! Weh, mir Unglücksel'gem!

*Landgraf, Sänger und Ritter:*
Ein Engel stieg aus lichtem Äther,
zu künden Gottes heil'gen Rat. –
Blick hin, du schändlicher Verräter,
werd inne deiner Missetat!
Du gabst ihr Tod, sie bittet für dein Leben;
wer bliebe rauh, hört er des Engels Flehn?
Darf ich auch nicht dem Schuldigen vergeben,
dem Himmelswort kann nicht ich widerstehn.

*Tannhäuser:*
Zum Heil den Sündigen zu führen,
die Gottgesandte nahte mir!
Doch, ach, sie frevelnd zu berühren,
hob ich den Lästerblick zu ihr!
O du, hoch über diesen Erdengründen,
die mir den Engel meines Heils gesandt,
erbarm dich mein, der, ach! so tief in Sünden,
schmachvoll des Himmels Mittlerin verkannt!
Erbarm dich mein! Ach, erbarm dich mein!

*Landgraf, Sänger und Ritter:*
Darf ich auch nicht dem Schuldigen vergeben,
dem Himmelswort kann ich nicht widerstehn.

*Elisabeth:*
Ich fleh für ihn, ich flehe für sein Leben,
zur Buße lenk er reuevoll den Schritt!
Der Mut des Glaubens sei ihm neu gegeben,
daß auch für ihn einst der Erlöser litt!

*Landgraf (feierlich in die Mitte tretend):*
Ein furchtbares Verbrechen ward begangen.
Es stahl mit heuchlerischer Larve sich
zu uns der Sünde fluchbeladner Sohn.
Wir stoßen dich von uns – bei uns darfst du
nicht weilen; schmachbefleckt ist unser Herd
durch dich, und dräuend blickt der Himmel selbst

*Das Orchester nimmt eine religiöse Klangfarbe an: Wie ein Choral des Glaubens tönen die Holzbläser, klar, sicher, ruhig, holzschnittartig:*

*(31)*

*Und ruhig und gesammelt klingt nun auch die Stimme des Landgrafen, die Tannhäuser auf den Pilgerweg nach Rom weist.*

*Mit fühlbarer Erleichterung nehmen die Solisten und die Ritterchöre ihre Gesänge wieder auf. Dann übernimmt auch Elisabeths Sopran wieder die Führung des Ensembles (das nicht selten, seiner großen Länge wegen, ein wenig gekürzt wird).*

auf dieses Dach, das dich zu lang schon birgt.
Zur Rettung doch vor ewigem Verderben
steht offen dir ein Weg: von mir dich stoßend,
zeig ich ihn dir. Nütz ihn zu deinem Heil!
Versammelt sind aus meinen Landen
bußfert'ge Pilger, stark an Zahl.
Die ältren schon voran sich wandten,
die jüngren rasten noch im Tal.
Nur um geringer Sünde willen
ihr Herz nicht Ruhe ihnen läßt,
der Buße frommen Drang zu stillen,
ziehn sie nach Rom zum Gnadenfest.

*Landgraf, Sänger und Ritter:*
Mit ihnen sollst du wallen
zur Stadt der Gnadenhuld,
im Staub dort niederfallen
und büßen deine Schuld!
Vor ihm stürz dich darnieder,
der Gottes Urteil spricht;
doch kehre nimmer wieder,
ward dir sein Segen nicht!
Mußt' unsre Rache weichen,
weil sie ein Engel brach,
dies Schwert wird dich erreichen,
harrst du in Sünd und Schmach!
*Tannhäuser:* Wie soll ich Gnade finden,
*Elisabeth:* Laß hin zu dir ihn wallen,
du Gott der Gnad und Huld!
*Tannhäuser:*
wie büßen meine Schuld?

*Aus der Ferne hallt der Gesang der Pilger herauf. Er mutet stellenweise an, als habe er seine Wurzeln noch im uralten einstimmigen gregorianischen Choral des Frühchristentums; zuletzt weitet er sich wieder zum spätmittelalterlichen Choral, der an Luther denken läßt (von dem allerdings zu Minnesängers, zu Tannhäusers Zeiten noch lange niemand etwas ahnen konnte):*

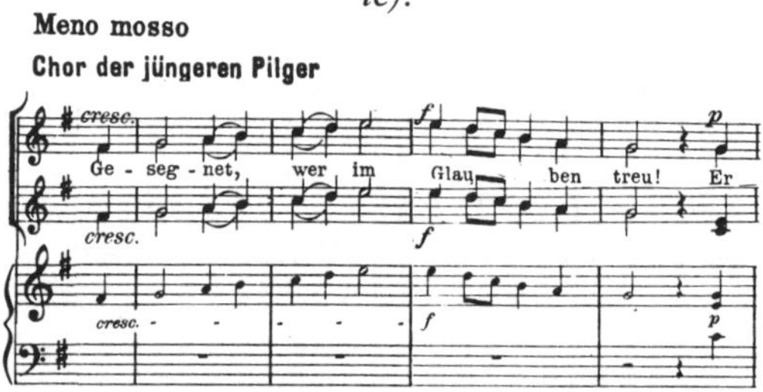


*(Fortsetzung des Notenbeispiels S. 98)*

Mein Heil sah ich entschwinden,
mich flieht des Himmels Huld.
*Elisabeth:*
Ihm, der so tief gefallen,
vergib der Sünden Schuld!
*Tannhäuser:*
Doch will ich büßend wallen,
zerschlagen meine Brust,
*Elisabeth:*
Für ihn nur will ich flehen,
mein Leben sei Gebet;
*Tannhäuser:*
im Staube niederfallen –
Zerknirschung sei mir Lust.
*Elisabeth:*
laß ihn dein Leuchten sehen,
eh' er in Nacht vergeht!
Mit freudigem Erbeben
laß dir ein Opfer weihn!
*Tannhäuser:*
Oh, daß nur er versöhnet,
der Engel meiner Not,
der sich, so frech verhöhnet,
zum Opfer doch mir bot!
*Elisabeth:*
Nimm hin, o nimm mein Leben:
ich nenn es nicht mehr mein!
*Gesang der jüngeren Pilger (im Hintergrunde, tief, wie aus dem Tale heraufschallend):*
Am hohen Fest der Gnad und Huld[1]
in Demut sühn ich meine Schuld![2]
Gesegnet, wer im Glauben treu:
er wird erlöst durch Buß und Reu.

[1] UF: Für »Gnad und Huld« steht »Gnadenhuld«.
[2] UF: Dieser Vers lautet: »in Demut sühnet eure Schuld!«

(32)

*In den Streichern klingt die Erregung des Sängerkriegs – der es nun wirklich wurde – noch nach, als Tannhäuser in den hoffnungsvollen Ruf ausbricht: »Nach Rom!«*
*Und unter Einsatz des gesamten Orchesters antworten ihm alle Stimmen, einige wohl erwartungsvoller und freundlicher als andere, rufen ihm die Worte nach: »Nach Rom!«*

*(Alle haben, den Gesang vernehmend, von der leidenschaftlichsten und drohendsten Gebärde zu einer milderen und gerührten übergehend, gelauscht. – Tannhäuser, dessen Züge von einem Scheine schnell erwachter Hoffnung verklärt werden, wendet sich rasch zum Abgange.)*

*(Alle haben unwillkürlich ihre Gebärden gemäßigt: Elisabeth, wie um Tannhäuser nochmals zu schützen, hatte sich den von neuem Andringenden entgegengestellt; sie verweist jetzt auf den verheißungsvollen Gesang der jungen Pilger. – Tannhäuser hält plötzlich in den Bewegungen der leidenschaftlichsten Zerknirschung ein und lauscht dem Gesange.)*

*Tannhäuser (Ein jäher Hoffnungsstrahl leuchtet ihm; er stürzt sich mit krampfhafter Heftigkeit zu Elisabeths Füßen, küßt inbrünstig, hastig den Saum ihres Gewandes und bricht dann, von ungeheurer Erregung taumelnd, auf, mit dem Rufe):*

*Tannhäuser:*

Nach Rom! *(Er eilt ab.)*

*Elisabeth, Landgraf, Sänger und Ritter (ihm nachrufend):*

Nach Rom!

*(Der Vorhang fällt schnell.)*

*Langsam, wie lastend und schwer, beginnt die Musik zum dritten Akt. Hörner und Fagotte zitieren eine Phrase aus dem Gesang der Pilger, Oboen und Klarinetten antworten ihnen mit einer Reminiszenz an Elisabeths verzweifeltes Eintreten für Tannhäuser: »Ich fleh für ihn, ich flehe für sein Leben«. Dann taucht das Motiv auf, das Wagner zur Grundlage der »Romerzählung« Tannhäusers machen wird:*

*(33)*

*Es ist das müde Sich-Hinschleppen eines einsamen Wanderers, eines Pilgers ohne Hoffnung, das Seufzen eines von aller Welt Ausgestoßenen, Verfemten. Tatsächlich hat Wagner dieser Orchester-Einleitung zum dritten Akt eine programmatische Überschrift gegeben: »Tannhäusers Pilgerfahrt«. Und aus ihrer Grundhaltung sowie aus diesem schmerzlichen Motiv geht klar hervor – bevor noch der Vorhang aufgeht und Tannhäuser inmitten des traurigen, nebelfeuchten Herbstwaldes seine nutzlose Wanderung nach Rom schildern wird –, daß er der letzten Hoffnung beraubt zurückkehrt. Für genau Zuhörende sei noch erwähnt, daß das chromatische Seufzermotiv (Beispiel Nr. 33) dem zweiten Teil des Pilgerchors (Beispiel Nr. 1, von Takt 17 angefangen) eng verwandt, ja aus diesem entwickelt erscheint. Im Verlauf des Vorspiels taucht, geradezu als bewußter Gegensatz zu diesem leidenden, schmerzlichen Seufzermotiv, ein choralähnliches Thema auf, das – von Trompeten, Posaunen und Baßtuba geblasen – ein Bild von ungeheurer Festigkeit, von durch nichts ins Wanken zu bringender Sicherheit bietet: Auf diesen Felsen will Ich meine Kirche bauen:*

*(Notenbeispiel S. 102)*

# DRITTER AUFZUG

(34)

*Und auch hier soll auf eine »Verwandtschaft« hingewiesen werden: Fast 40 Jahre später wird Wagner das »Glaubensthema« seines »Parsifal« ganz ähnlich erklingen lassen . . .*
*Mit einem milden Oboenthema klingt das Vorspiel aus, die Celli übernehmen es und führen es zu Ende. Das Tal der Wartburg liegt vor uns, spätherbstlich, wie von Trauer umflort. Das Orchester verstummt, nur allmählich setzt es, beinahe unhörbar, wieder ein und untermalt Wolframs erste Worte. Es ist ein Rezitativ, das immer stärker melodische Audruckskraft gewinnt.*

*Der Vorhang geht auf.*
*Tal vor der Wartburg, wie am Schlusse des ersten Aufzugs. Der Tag neigt sich zum Abend. Auf dem kleinen Bergvorsprung rechts liegt Elisabeth vor dem Muttergottesbilde betend ausgestreckt. Wolfram kommt links von der waldigen Höhe herab; auf halber Höhe hält er an, als er Elisabeth gewahrt.*

ERSTER AUFTRITT

*Wolfram:*

Wohl wußt' ich hier sie im Gebet zu finden,
wie ich so oft sie treffe, wenn ich einsam
aus wald'ger Höh' mich in das Tal verirre. –
Den Tod, den er ihr gab, im Herzen,
dahingestreckt in brünst'gen Schmerzen,
fleht für sein Heil sie Tag und Nacht:
o heil'ger Liebe ew'ge Macht! –
Von Rom zurück erwartet sie die Pilger.
Schon fällt das Laub, die Heimkehr steht bevor.
Kehrt er mit den Begnadigten zurück?
Dies ist ihr Fragen, dies ihr Flehen –

*Aus weiter Ferne vernimmt man den Gesang der Pilger. Der vierstimmige »Pilgerchor«, Tenöre und Bässe, erklingt a cappella, ohne jede Begleitung. Er bildet eines der bekanntesten Stücke dieser Oper, ja eines der berühmtesten in Wagners Schaffen und im Musiktheater überhaupt (Beispiel Nr. 1). Wagner bringt ihn hier in Es-Dur, gegenüber dem E-Dur des Vorspiels; ob hier eine tonmalerische Absicht vorliegt, soll nicht angeschnitten werden: Bekanntlich lösen solche Fragen hitzige und völlig unentscheidbare Debatten aus. Mit dem Näherkommen der Stimmen setzt das Orchester zu ihrer Stützung und Steigerung immer machtvoller ein, brausend füllt das Bekenntnis des Glaubens, die Freude über die in Rom erfahrene Gnade die Luft, das abschließende »Halleluja« verklingt, nach dem Durchzug über die Bühne, bereits wieder in der Ferne, in die sich der Pilgerzug verliert, wobei er noch, nun wieder a cappella, eine kurze Weile hörbar bleibt.*

*Sie hat genügt, um Elisabeth schmerzliche Gewißheit erlangen zu lassen: Tannhäuser kehrt nicht mit den Entsühnten zurück.*

ihr Heil'gen, laßt erfüllt es sehen!
Bleibt auch die Wunde ungeheilt,
oh würd' ihr Lindrung nur erteilt!
*(Als er tiefer in das Tal hinabsteigen will, vernimmt er den Gesang der Pilger und hält an.)*

*Gesang der älteren Pilger (aus großer Ferne sich langsam der Bühne nähernd):*
Beglückt darf nun dich, o Heimat, ich schauen
und grüßen froh deine lieblichen Auen;
nun laß ich ruhn den Wanderstab,
weil Gott getreu ich gepilgert hab.

*Elisabeth (erhebt sich, dem Gesange lauschend):*
Dies ist ihr Sang – sie sind's, sie kehren heim!
Ihr Heil'gen, zeigt mir jetzt mein Amt,
daß ich mit Würde es erfülle!

*Wolfram:*
Die Pilger sind's – es ist die fromme Weise,
die der empfangnen Gnade Heil verkündet.
O Himmel, stärke jetzt ihr Herz
für die Entscheidung ihres Lebens!

*Gesang der älteren Pilger (allmählich der Bühne sich nähernd):*
Durch Sühn und Buß hab ich versöhnt
den Herren, dem mein Herze frönt,
der meine Reu' mit Segen krönt,
den Herren, dem mein Lied ertönt.

*(Hier betreten die Pilger die Bühne von rechts im Vordergrunde her; sie ziehen während des Folgenden an dem Bergvorsprunge vorbei, langsam das Tal entlang dem Hintergrunde zu.)*

*Gesang der älteren Pilger:*
Der Gnade Heil ist dem Büßer beschieden,
er geht einst ein in der Seligen Frieden!
Vor Höll und Tod ist ihm nicht bang,
drum preis ich Gott mein Leben lang.
Halleluja
Halleluja in Ewigkeit!

*(Elisabeth hat von ihrem erhöhten Standpunkte aus mit größter Aufregung unter den vorüberziehenden Pilgern nach Tannhäuser geforscht.)*

*Mit der tonartlichen Umdeutung eines einzigen Akkords (»enharmonische Verwechslung« nennt es die musikalische Fachsprache) erzwingt Wagner, verbunden mit einem gewaltigen Crescendo der Bläser, die Spannung, die Elisabeths Kniefall, ihre Anrufung der »allmächt'gen Jungfrau« begleitet:*

*(35)*

*Dieses »Gebet« stellt zweifellos eine »Arie« dar: sie ist melodisch eingängig gestaltet, ist in sich abgeschlossen. Es ist eine der letzten in Wagners Schaffen, das ja eigentlich noch an seinem Anfang steht (oder wenig danach); sein dramatisches Streben geht immer weiter von diesem früher festen, ja im Mittelpunkt des Opernschaffens stehenden Bestandteil des Musiktheaters fort. Als Kuriosum sei vermerkt, daß das gesamte Gebet Elisabeths eine äußerst sparsame, nur von Bläsern getragene Orchesterbegleitung aufweist, in der besonders die solistische Rolle der Baßklarinette auffällt, eines sonst sehr selten angewendeten Instruments.*

*Das Gebet verklingt in ein ebenfalls nur von Bläsern erfülltes Nachspiel, das die andächtige Stimmung lange verschweben läßt.*

*Dann ertönt eine getragene, ausdrucksvolle Cellomelodie: sie nimmt gewissermaßen Wolframs Stimme vorweg, der sich lange nicht entschließen kann, die in Andacht versunkene und sich danach still auf den Heimweg machende Elisabeth anzuspre-*

*Elisabeth (in schmerzlicher, aber ruhiger Fassung):*
Er kehret nicht zurück!
*(Die Pilger entfernen sich unter dem Folgenden immer mehr und verschwinden endlich durch die Talöffnung nach rechts.)*
*Pilger:* Beglückt darf nun dich, o Heimat,
ich schauen
und grüßen froh deine lieblichen Auen;
*(verhallend)*
nun laß ich ruhn den Wanderstab . . .

*Elisabeth (senkt sich mit großer Feierlichkeit auf die Knie):*
Allmächt'ge Jungfrau, hör mein Flehen!
Zu dir, Gepriesne, rufe ich!
Laß mich in Staub vor dir vergehen,
oh, nimm von dieser Erde mich!
Mach, daß ich rein und engelgleich
eingehe in dein selig Reich!
Wenn je, in tör'gem Wahn befangen,
mein Herz sich abgewandt von dir,
wenn je ein sündiges Verlangen,
ein weltlich Sehnen keimt' in mir,
so rang ich unter tausend Schmerzen,
daß ich es töt' in meinem Herzen!
Doch, konnt' ich jeden Fehl nicht büßen,
so nimm dich gnädig meiner an,
daß ich mit demutvollem Grüßen
als würd'ge Magd dir nahen kann:
um deiner Gnaden reichste Huld
nur anzuflehn für seine Schuld!
*(Sie verbleibt eine Zeitlang wie in andächtiger Entrücktheit; als sie sich dann langsam erhebt, erblickt sie Wolfram, welcher sich ihr nähert, um sie anzureden. Sie bittet ihn durch eine Gebärde, nicht mir ihr zu sprechen.)*
*Wolfram:* Elisabeth, dürft' ich dich nicht geleiten?
*(Elisabeth drückt ihm abermals durch Gebärde aus, sie danke ihm und seiner treuen Liebe aus vollem*

*chen. Als er dann Worte findet, steht deren Weise noch im Zusammenhang mit der vorangegangenen Instrumentalmelodie. Die Worte verklingen ins Nichts; nur dem Orchester – und vor allem wieder der sehr ausdrucksvollen Baßklarinette – gehören die folgenden Minuten.*

*Wolfram ist allein in der herbstlichen Abenddämmerung, allein mit seinen schweren Gedanken, die ihm das in den letzten Monaten Erlebte noch einmal vor die Seele führen. Er präludiert auf seiner kleinen Harfe, leise Akkorde der hohen Flöten antworten ihm wie milde Träume aus einer anderen Welt. Dann schafft Wagner durch den bloßen, überaus sanften Eintritt der tiefliegenden Posaunen und Baßtuba die dunkle Stimmung, die gleichzeitig das Einnachten in der Natur wie in Wolframs Herzen ausdrückt:*

*(36)*

*Doch ein Hoffnungsschimmer leuchtet auf: ein einsamer Stern am Firmament. Ein dichtes Tremolo der hohen Geigen im Pianissimo malt sein fernes Funkeln. Und Wolframs Gedanken sammeln sich zu einem sehr berühmt gewordenen Lied an diesen Abendstern:*

*(Notenbeispiel S. 110)*

*Herzen; ihr Weg führe sie aber gen Himmel, wo sie ein hohes Amt zu verrichten habe; er solle sie daher ungeleitet gehen lassen, ihr auch nicht folgen.)*
*(Sie besteigt die halbe Berghöhe und verschwindet allmählich auf dem Fußsteig, welcher von dieser nach der Wartburg führt, nachdem man ihre Gestalt lange noch in der Entfernung erblickt hat.)*

## ZWEITER AUFTRITT

*(Wolfram, der Elisabeth lange noch mit den Augen verfolgt hat, setzt sich am Fuße des linken Talhügels nieder und beginnt auf der Harfe zu spielen.)*

*Wolfram:*

Wie Todesahnung Dämmrung deckt die Lande,
umhüllt das Tal mit schwärzlichem Gewande;
der Seele, die nach jenen Höhn verlangt,
vor ihrem Flug durch Nacht und Grausen bangt.
Da scheinest du, o lieblichster der Sterne,
dein sanftes Licht entsendest du der Ferne;
die nächt'ge Dämmrung teilt dein lieber Strahl,
und freundlich zeigst du den Weg aus dem Tal.

(37)

*Es ist, Wolframs Eigenschaft gemäß, ein Minnesängerlied mit vorwiegender Harfenbegleitung, fast wiederum eine Arie mit langem, orchestralem Nachspiel, in dem die Celli seelenvoll Wolframs Melodie weitersingen.*

*Bis ein seltsames, beunruhigendes Motiv diesen Frieden, diesen Einklang zwischen Welt und Universum stört, zerreißt: »Gestopfte« Hörner (ein dumpfer, beinahe unheimlicher Klangeffekt in diesem Falle) und ein chromatisch aufsteigendes Motiv in den tiefen Streichern künden den völlig verstört und weltüberdrüssig aus Rom zurückkehrenden Tannhäuser an:*

(38)

O du, mein holder Abendstern,
wohl grüßt ich immer dich so gern:
vom Herzen, das sie nie verriet,
grüße sie, wenn sie vorbei dir zieht,
wenn sie entschwebt dem Tal der Erden,
ein sel'ger Engel dort zu werden!
*(Er verbleibt mit gen Himmel gerichteten Augen, auf der Harfe spielend.)*

DRITTER AUFTRITT

*(Es ist gänzlich Nacht geworden. Tannhäuser tritt auf. Er trägt zerrissene Pilgerkleidung, sein Gesicht ist bleich und entstellt; er wankt matten Schrittes an seinen Stab gestützt.)*

*Tannhäuser (mit matter Stimme):*
Ich hörte Harfenschlag – wie klang er traurig!
Der kam wohl nicht von ihr. –
*Wolfram:* Wer bist du, Pilger,
der du so einsam wanderst?
*Tannhäuser:* Wer ich bin?
Kenn ich doch dich recht gut; – Wolfram bist du,
*(höhnisch)* der wohlgeübte Sänger.
*Wolfram (heftig auffahrend):*
Heinrich! Du?
Was bringt dich her in diese Nähe? Sprich!

*Die folgende Szene ist in Form eines sehr dramatischen Duett-Rezitativs gehalten, mit ständig wechselnder Orchesterbegleitung, in der mehrmals das lastende Motiv Nr. 38 auftaucht.*

*Dann mischt sich plötzlich das Venusberg-Motiv, von einer Klarinette geblasen (Beispiel Nr. 2), in flirrende, erregende hohe Streicherklänge: Tannhäuser enthüllt den einzigen Gedanken, der ihn nur noch beseelt: zurückzukehren in das nächtliche Liebesreich der Venus.*

*Entsetzt entgegnet ihm Wolfram. Doch bei der Nennung Roms fährt Tannhäuser wütend auf: dieses Wort will er nie mehr hören:*

*(39)*

*Und auf Wolframs weitere Frage nach dem »heiligen Feste« – der »Freisprechung« der »Sünder« durch den Papst – fährt er noch wilder auf. Und erst auf des einstigen Gefährten Bitte, die*

Wagst du es, unentsündigt noch[1] den Fuß
nach dieser Gegend herzulenken?
*Tannhäuser:* Sei außer Sorg', mein guter Sänger!
Nicht such ich dich noch deiner Sippschaft einen.
*(mit unheimlicher Lüsternheit)*
Doch such ich wen, der mir den Weg wohl zeige,
den Weg, den einst so wunderleicht ich fand –
*Wolfram:* Und welchen Weg?
*Tannhäuser:*
Den Weg zum Venusberg!
*Wolfram:*
Entsetzlicher! Entweihe nicht mein Ohr!
Treibt es dich dahin?
*Tannhäuser:* Kennst du wohl den Weg?
*Wolfram:*
Wahnsinn'ger! Grausen faßt mich, hör ich dich!
Wo warst du? Zogst du denn nicht nach Rom?
*Tannhäuser (wütend):*
Schweig mir von Rom!
*Wolfram:* Warst nicht beim heil'gen Feste?
*Tannhäuser:* Schweig mir von ihm!
*Wolfram:* So warst du nicht? –
Sag, ich beschwöre dich!
*Tannhäuser (wie sich besinnend, mit schmerzlichem Ingrimm):*
Wohl war auch ich in Rom –
*Wolfram:* So sprich! Erzähle mir, Unglücklicher!
Mich faßt ein tiefes Mitleid für dich an.
*Tannhäuser (nachdem er Wolfram lange mit gerührter Verwunderung betrachtet hat):*
Wie sagst du, Wolfram? Bist du denn nicht mein Feind?
*Wolfram:*
Nie war ich es, so lang ich fromm dich wähnte!
Doch sag! Du pilgertest nach Rom?
*Tannhäuser:* Nun[2] denn!
Hör an! Du, Wolfram, du sollst es erfahren.

[1] UF: Hier »wohl« anstelle von »noch«.
[2] UF: Für »nun« steht »wohl«.

*weiche, versöhnliche Töne annimmt, findet sich Tannhäuser, stockend und wie sich selbst überwindend, zu einer Erzählung bereit.*

*Er scheucht Wolfram, der sich neben ihm niederlassen will, von sich fort: »Die Stätte, wo ich raste, ist verflucht ...« Dann setzt mit den beiden Motiven der schmerzlichen Pilgerfahrt (Beispiele 38, dann 33) die »Romerzählung« ein:*

*(40)*

*Es ist keine »Arie«, sondern eine ausgedehnte dramatische Schilderung voll wechselnder Stimmungen und dementsprechend vielfältigen musikalischen Rekursen. Wir erleben in diesem großartigen Stück Tannhäusers Pilgerfahrt nach Rom, den schmerzlichen Weg, den er, reuevoller als die meisten seiner*

*(Er setzt sich erschöpft am Fuße des Bergvorsprunges nieder. Wolfram will sich an seiner Seite ebenfalls niederlassen.)*

Zurück[1] von mir! Die Stätte, wo ich raste,
ist verflucht. – Hör an, Wolfram, hör an!

*(Wolfram bleibt in geringer Entfernung vor Tannhäuser stehen.)*

Inbrunst im Herzen, wie kein Büßer noch
sie je gefühlt, sucht' ich den Weg nach Rom.
Ein Engel hatte, ach! der Sünde Stolz
dem Übermütigen entwunden:
für ihn wollt' ich in Demut büßen,
das Heil erflehn, das mir verneint,
um ihm die Träne zu versüßen,
die er mir Sünder einst geweint! –
Wie neben mir der schwerstbedrückte Pilger
die Straße wallt', erschien mir allzu leicht: –
betrat sein Fuß den weichen Grund der Wiesen,
der nackten Sohle sucht' ich Dorn und Stein;
ließ Labung er am Quell den Mund genießen,
sog ich der Sonne heißes Glühen ein;
wenn fromm zum Himmel er Gebete schickte,
vergoß mein Blut ich zu des Höchsten Preis;
als im Hospiz der Müde sich erquickte,[2]
die Glieder bettet' ich in Schnee und Eis.
Verschloßnen Augs, ihr Wunder nicht zu schauen,
durchzog ich blind Italiens holde Auen.
Ich tat's – denn in Zerknirschung wollt' ich büßen,
um meines Engels Tränen zu versüßen! – –

[1] UF: Hier steht: »Bleib fern von mir«.
[2] UF: Dieser Vers lautet: »als das Hospiz die Wanderer erquickte«.

*Gefährten, über schlimme Pfade suchte, um zu sühnen, »um seines Engels Tränen zu versüßen«; die Ankunft in Rom (zu deren Untermalung Wagner auf das »Glaubensmotiv«, Beispiel Nr. 34 – hier ganz ins Ätherische gewendet –, zurückgreift und sich dabei, noch mehr als vorher, schon ganz in »Parsifal«-Stimmung begibt, von der ihn noch Jahrzehnte trennen), den Anblick des Papstes, dessen Segenspendung, Tannhäusers Selbstanklage. Und dann des Papstes Bannfluch, den Wagner mit höchster Wortdeutlichkeit (über das mehrfach wiederholte Motiv Nr. 38) vernehmlich macht: einen der entscheidenden Augenblicke des Dramas:*

*(Fortsetzung des Notenbeispiels S. 118)*

Nach Rom gelangt' ich so zur heil'gen Stelle,
lag betend auf des Heiligtumes Schwelle.
Der Tag brach an: – da läuteten die Glocken,
hernieder tönten himmlische Gesänge;
da jauchzt' es auf in brünstigem Frohlocken,
denn Gnad und Heil verhießen sie der Menge.
Da sah ich ihn, durch den sich Gott verkündigt,
vor ihm all Volk im Staub sich niederließ;
und Tausenden er Gnade gab, entsündigt
er Tausende sich froh erheben ließ. –
Da naht' auch ich; das Haupt gebeugt zur Erde,
klagt' ich mich an mit jammernder Gebärde
der bösen Lust, die meine Sinn' empfanden,
des Sehnens, das kein Büßen noch gekühlt;
und um Erlösung aus den heißen Banden
rief ich ihn an, von wildem Schmerz durchwühlt.
Und er, den so ich bat, hub an:
»Hast du so böse Lust geteilt,
dich an der Hölle Glut entflammt,
hast du im Venusberg geweilt:
so bist nun ewig du verdammt!
Wie dieser Stab in meiner Hand
nie mehr sich schmückt mit frischem Grün,
kann aus der Hölle heißem Brand
Erlösung nimmer dir erblühn!« –
Da sank ich in Vernichtung dumpf darnieder,
die Sinne schwanden mir. – Als ich erwacht',
auf ödem Platze lagerte die Nacht,
von fern her tönten frohe Gnadenlieder.
Da ekelte mich der holde Sang –
Von der Verheißung lügnerischem Klang,
der eiseskalt mir durch die Seele schnitt,
trieb Grausen mich hinweg mit wildem Schritt.
Dahin zog's mich, wo ich der Wonn und Lust
so viel genoß, an ihre warme Brust![1]
*(In grauenhafter Begeisterung.)**

[1] UF: Hier »an ihrer warmen Brust«.

* Ab hier wurde bei der Uraufführung ein wesentlich kürzerer Schluß (vgl. S. 131 bis 135) gespielt, in dem Venus weder auftritt, noch ihre Stimme hörbar wird, und in dem auch der Sarg Elisabeths nicht auf die Bühne gebracht wird.

*(41)*

*Dann Tannhäusers »dumpfe Vernichtung«. Wie eine Erinnerung zieht, in zartesten Orchesterfarben, das »Glaubens- oder Heilsmotiv« vorüber, es wird heftig unterbrochen durch auffahrende Streichfiguren. Mit einem harten Bläserakkord wendet Tannhäuser sich »mit wildem Schritt« fort von Rom.*

*Und schon taucht – in den Bratschen – das verlockende Venusbergmotiv (Beispiel Nr. 2) wie aus der Ferne auf. Tannhäusers Melodie (»in grauenhafter Begeisterung«) ist aus der Venusberg-Szene, das Orchester hat ganz deren sinnliches Flimmern angenommen:*

*(42)*

Zu dir, Frau Venus, kehr ich wieder,
in deiner Zauber holde Nacht;
zu deinem Hof steig ich darnieder,
wo nun dein Reiz mir ewig lacht!
*Wolfram:* Halt ein! Halt ein, Unsel'ger!
*Tannhäuser:*
Ach, laß mich nicht vergebens suchen –

*Vergeblich sucht Wolfram den – immer ekstatischer den Eingang zum Venusberg suchenden – Gefährten zurückzuhalten.*

*Das Orchester bricht in ununterbrochen gesteigertes Rasen aus. Gedrängter, hastiger, atemloser als in der seinerzeitigen Venusberg-Szene, die sich durch sinnlichen, jeder Zeitlichkeit spottenden Genuß auszeichnete, dringt die Zauberwelt auf die Bühne (wobei es dem Regisseur überlassen bleibt, ob er die klanglichen Visionen optisch stützen, also mit rosigem Licht und der sichtbar werdenden Erscheinung der Venus unterstreichen will), der dramatische Höhepunkt des Werkes ist erreicht, Wagner führt die drei Stimmen (Venus, Tannhäuser, Wolfram) in extreme Lagen – Venus bis ins hohe H! –, dem Orchester wohnt eine nie erlahmende, vorwärtstreibende, wild erregte Kraft ohnegleichen inne.*

wie leicht fand ich doch einsten dich!
Du hörst, daß mir die Menschen fluchen –
nun, süße Göttin, leite mich!
*Wolfram (in heftigem Grausen):*
Wahnsinniger, wen rufst du an? *(Finstere Nacht, Leichte Nebel hüllen allmählich die Szene ein.)*
*Tannhäuser:* Ha! Fühlest du nicht milde Lüfte?
*Wolfram:* Zu mir! Es ist um dich getan!
*Tannhäuser:* Und atmest du nicht holde Düfte?
*(Die Nebel beginnen in rosiger Dämmerung zu erglühen.)*
Hörst du nicht jubelnde Klänge?
*Wolfram:* In wildem Schauer bebt die Brust!
*Tannhäuser (immer aufgeregter, je näher der Zauber kommt):*
Das ist der Nymphen tanzende Menge! –
Herbei, herbei zu Wonn und Lust!
*(Wirre Bewegungen tanzender Gestalten werden erkennbar.)*
*Wolfram:* Weh, böser Zauber tut sich auf!
Die Hölle naht mit wildem Lauf.[1]
*Tannhäuser:*
Entzücken dringt durch meine Sinne[2],
gewahr ich diesen Dämmerschein;
dies ist das Zauberreich der Minne, *(außer sich)*
im Venusberg drangen wir ein!
*(In einer hellen, rosigen Beleuchtung erscheint Venus, auf einem Lager ruhend.)*
*Venus:* Willkommen, ungetreuer Mann!
Schlug dich die Welt in Acht und Bann?
Und findest nirgend du Erbarmen,
suchst Liebe du[3] in meinen Armen?
*Tannhäuser:* Frau Venus, o Erbarmungsreiche!
Zu dir, zu dir zieht es mich hin!

[1] PF: Anstelle von »mit« steht »in«.
[2] PF: »durch alle Sinne«.
[3] PF: Für »du« steht »nun«.

*Wolfram:*
Zauber der Hölle[1], weiche, weiche!
Berücke nicht des Reinen Sinn!
*Venus:* Nahst du dich wieder meiner Schwelle,
sei dir dein Übermut verziehn;
ewig fließe dir der Freuden Quelle,
und nimmer sollst du von mir fliehn!
*Tannhäuser (indem er sich mit wilder Entschlossenheit von Wolfram losreißt):*
Mein Heil, mein Heil hab ich verloren,
nun sei der Hölle Lust erkoren!
*Wolfram:*
Allmächt'ger, steh dem Frommen bei!
*(Er hält Tannhäuser von neuem.)*
Heinrich!
*Venus (in keimender Angst):*
O komm!
*Wolfram:*
Ein Wort ...
*Venus:*
O komm![2]
*Wolfram:*
... es macht dich frei –:
*Tannhäuser (zu Wolfram):*
Laß ab!
*Venus:* Auf ewig sei nun mein!
*Wolfram:*
Dein Heil!
*Tannhäuser (zu Wolfram):*
Laß ab von mir!
*Wolfram:* Noch soll das Heil dir Sünder werden!
*(Tannhäuser und Wolfram ringen heftig.)*

[1] PF: Hier »Du Höllenzauber«.
[2] PF: »Zu mir«.

*Die Wendung erfolgt, als Wolfram mit letzter Anstrengung Tannhäuser an seinen »Engel«, an Elisabeth erinnert:*

*(43)*

*Beim Ausruf »Elisabeth!« aus Wolframs Mund vollzieht Wagner den großen dramatischen Wandel auch musikalisch: So wie Venus' Zauberreich erlischt, versinkt, so geht das erregende, sinnliche Flimmern der Streicher in einen wie aus Stein gemeißelten Bläserakkord über.*

*Der Schritt von der mittelalterlichen Hölle zum Himmel ist getan, eine einzige Wendung der Musik hat es vermocht: welche unbegrenzten Möglichkeiten besitzt doch diese Kunst!*

*Venus:*
O komm!
*Tannhäuser:* Nie, Wolfram, nie! Ich muß dahin!
*Wolfram:* Ein Engel bat für dich auf Erden,
*Tannhäuser:*
Laß mich!
*Venus:*
Komm, o komm!
*Wolfram:*
. . . bald schwebt er segnend über dir –
*Venus:* Zu mir! Zu mir!
*Wolfram:* Elisabeth!

*Tannhäuser (der sich soeben von Wolfram losgerissen, bleibt plötzlich, wie an die Stelle geheftet):*
Elisabeth! –
*Sänger und Männerchor (hinter der Szene):*
Der Seele Heil, die nun entflohn
dem Leib der frommen Dulderin!
*(Die Nebel verfinstern sich allmählich; heller Fackelschein leuchtet dann durch sie auf.)*
*Wolfram (in erhabener Rührung):*
Dein Engel fleht für dich an Gottes Thron –
er wird erhört! Heinrich, du bist erlöst!
*Venus:* Weh! Mir verloren!

*(Sie versinkt. – Die Nebel verschwinden gänzlich. Morgen-*

*(Sie verschwindet und mit ihr die ganze zauberische Erscheinung.*

*Frommer Gesang löst die Venusberg-Klänge ab: der Männerchor und die Stimmen einzelner Solisten, nach einem nochmaligen starken Orchesterausbruch nur durch kleinste Instrumentaleinsätze gestützt, verdrängt nun den erregenden, von Sinnlichkeit geprägten Klang der Venus-Welt.*

*Andächtige Melodien erfüllen immer stärker den Raum. Klare, durchsichtige Harmonien wecken Visionen des tiefen, ruhigen, vertrauensvollen Glaubens, deuten Tannhäusers Erlösung an, für die Elisabeth gestorben ist. Ein Chor der jungen Priester*

*dämmerung. Von der Wartburg her schreitet ein Trauerzug mit Fackeln der Tiefe des Tales zu.)*

*Das Tal, vom Morgenrot erleuchtet, wird wieder sichtbar: von der Wartburg her geleitet ein Trauerzug einen offenen Sarg.)*

*Sänger und Männerchor:*

Ihr ward der Engel sel'ger Lohn,
himmlischer Freuden Hochgewinn.

*Wolfram (Tannhäuser sanft umschlungen haltend):*

Und hörst du den Gesang?

Und hörst du diesen Sang?

*Tannhäuser (ersterbend):* Ich höre!

*(Hier betritt der Zug die Bühne in der Tiefe des Tales; die älteren Pilger voran, die Sänger zunächst dem offenen Sarge, in welchem Elisabeths Leiche von ihnen getragen wird; der Landgraf, Ritter und Edle folgen dem Sarge.)*

*(Von hier an betritt der Trauerzug die Tiefe des Tales, die älteren Pilger voran, den offenen Sarg mit der Leiche Elisabeths tragen Edle, der Landgraf und die Sänger geleiten ihn zur Seite. Grafen und Edle folgen.)*

*Sänger und Männerchor:*

Heilig die Reine, die nun vereint
göttlicher Schar vor dem Ewigen steht!

*(Hier macht Wolfram eine Gebärde, welche die Sänger, als sie Tannhäuser erkennen, bewegt, den Sarg niederzusetzen.)*

*Sänger und Männerchor:*

Selig der Sünder, dem sie geweint,
dem sie des Himmels Heil erfleht!

*Tannhäuser (ist von Wolfram zum Sarge geleitet worden; über Elisabeths Leiche hingebeugt, sinkt er langsam nieder):*

*(Auf Wolframs Bedeuten ist der Sarg in der Mitte der Bühne niedergesetzt worden. Wolfram geleitet Tannhäuser zur Leiche, an welcher dieser niedersinkt.)*
*Tannhäuser:*

Heilige Elisabeth, bitte für mich!

*(Er stirbt.)*

*(Alle senken die Fackeln zur Erde und löschen sie so aus. Morgenrot erhellt vollends die Szene.)*

*Die jüngeren Pilger (auf dem vorderen Bergvorsprunge einherziehend und in ihrer Mitte einen neu ergrünten Priesterstab tragend):*

*kündet das Wunder: Ein Krummstab, längst von seinem Baum geschnitten und zum kirchlichen Symbol geworden, hat frisches Grün angesetzt, sprießt und erblüht: der Sünder ist erlöst, Gott hat verziehen.*

*Wieder müßte man sagen: »Parsifal«-Atmosphäre, fast 40 Jahre vor »Parsifal«, Wagners letzter Verklärung. Eine gewaltige Apotheose beschließt das Werk, ein echtes Opernfinale, in das alle überlebenden Personen einstimmen: die Minnesänger, die Priester, das Volk. Nicht mehr Tannhäuser und Elisabeth, deren Seelen den Flug in die Ewigkeit angetreten haben, vielleicht um sich dort für immer zu vereinen. Und nicht mehr Venus, die gegen die Reinheit Elisabeths unterlag; die aber, als Göttin – zumindest im Volksglauben – ewig leben wird.*

Heil! Heil! Der Gnade Wunder Heil!
Erlösung ward der Welt zuteil.
Es tat in nächtlich heil'ger Stund'
der Herr sich durch ein Wunder kund.
Den dürren Stab in Priesters Hand
hat er geschmückt mit frischem Grün:
dem Sünder in der Hölle Brand
soll so Erlösung neu erblühn!
Ruft ihm es zu durch alle Land',
der durch dies Wunder Gnade fand!
Hoch über aller Welt ist Gott,
und sein Erbarmen ist kein Spott!
Halleluja! Halleluja!
Halleluja!

*Landgraf, Sänger, Ritter und Pilger (in höchster Ergriffenheit):*

Der Gnade Heil ward[1] dem Büßer beschieden,
nun geht er ein in der Seligen Frieden!

ENDE

[1] PF: Anstelle von »ward« steht »ist«.

## Schluß der Urfassung

*Tannhäuser (in grauenhafter Begeisterung):*
Zu deinem Hof, Frau Venus, steig ich nieder,
wo nun dein Reiz mir ewig lacht!
Ach! Kaum erkennst den Buhlen du wohl wieder.
Der Ärmste! Sieh, was sie aus ihm gemacht!
*(Er sinkt erschöpft zusammen.)*
*Wolfram (dumpf vor sich hin):*
Entsetzlich! Ist's ein Traum, was ich erlebe?
*Tannhäuser (sehr matt beginnend und sich immer mehr steigernd):*
Nun wandr' ich Tag und Nacht, den holden Berg
zu finden, die süßen Töne zu vernehmen,
die mich das erstemal so zaubertrunken
geleitet in das Reich der Freud und Lust.
Hast, Wolfram, du die Klänge nie gehört?
*Wolfram (mit feierlichem Entschluß):*
Unsel'ger! Halt! Hier sei der Irrfahrt Ziel!
Wehr der Versuchung, blicke auf zu Gott!
*Tannhäuser:*
Oh! Spotte mein! Du weißt, ich bin verflucht!
*Wolfram:* Verflucht bist du, wenn du der Hölle
Zauber nicht kräftig widerstehst!
*Tannhäuser:* Kein Widerstand!
Der Zauber ist so hold: – willst du ihn kennen?
Komm mit, Wolfram! Laß dich von mir geleiten,
zu namenlosen Wonnen führ ich dich!
*(Allegro molto: auf dem Theater, sehr entfernt.)*
*(NB. Die Theatermusik muß im tiefsten Hintergrunde so aufgestellt sein, daß sie an Ort und Stelle stark gespielt werden kann, dem Zuhörer aber wie aus großer Entfernung (aus dem Hörselberge) her dringend erscheinen muß. Der Hörselberg, der in immer zunehmender rosiger Glut erglüht, erscheint nach und nach durchsichtig, so saß man in ihm wie tanzende Gestalten zu erblicken vermag.)*
*Tannhäuser:*
Horch! Vernimmst du nicht die jubelnden
Klänge?

Atmest du nicht entzückend holde Düfte?
Sieh dort! Dort! Ich geleite dich schnell:
das ist der Berg, der süße Venusberg!
*Wolfram:* Allmächt'ger, steh dem Frommen bei!
Dem Himmel beut die Hölle Spott!
Getrotzt sei ihrer Zauberei!
Auf, Heinrich! Wende dich zu Gott!
*Tannhäuser (dem Berge zugewendet):*
Frau Venus! O Erbarmungsreiche!
Dein Buhle naht – zu dir, zu dir!
*Wolfram (Tannhäuser heftig zurückhaltend):*
Verzweiflungs-Wahnsinn! Weiche, weiche!
Heinrich! Dein Heil!
*Tannhäuser (sich wehrend):*
Laß ab von mir!
*Wolfram:* Noch soll das Heil dir Sünder werden!
*Tannhäuser:* Nie, Wolfram! Nie! Ich muß zu ihr!
*Wolfram:* Ein Engel bat für dich auf Erden,
bald schwebt er segnend über dir:
Elisabeth!
*Tannhäuser (wie von einem Schlage gelähmt, festgewurzelt stehenbleibend):*
Elisabeth!
*(Die zauberische Erscheinung des Hörselberges erbleicht allmählich vor der anbrechenden Morgendämmerung.)*
*Wolfram:* Dein Engel fleht für dich vor Gottes Thron,
er wird erhört: Heinrich! Du bist erlöst!
*Männerchor (gleichzeitig, auf der Wartburg):*
Der Seele Heil, die nun entflohn
dem Leib der frommen Dulderin!
Ihr wird der Engel sel'ger Lohn,
himmlischer Freuden Hochgewinn!
*(Fackelschein leuchtet aus dem Hofe der Wartburg auf; man hört von dorther während des Chorgesanges das Totenglöcklein läuten.)*
*Tannhäuser (sinkt in Wolframs Armen langsam zur Erde):*
Heilige Elisabeth, bitte für mich! *(Er stirbt.)*

*Die jüngeren Pilger (nähern sich der Bühne, treten dann rechts auf und ziehen während des Sonnenaufganges das Tal entlang):*
Heil! Heil! Der Gnade Wunder Heil!
Erlösung ward der Welt zuteil.
Es tat in nächtlich heil'ger Stund'
der Herr sich durch ein Wunder kund.
Den dürren Stab in Priesters Hand
hat er geschmückt mit frischem Grün:
dem Sünder in der Hölle Brand
soll so Erlösung neu erblühn!
Ruft ihm es zu durch alle Land',
der durch dies Wunder Gnade fand!
Hoch über aller Welt ist Gott,
und sein Erbarmen ist kein Spott!
Halleluja! Halleluja! Halleluja!

*(Die Sonne geht auf, die ganze Gegend erglüht im feurigsten Morgenrot. Die jüngeren Pilger, von denen eine Anzahl auf dem Seitenwege bei dem Marienbilde aufgetreten ist, verteilen sich über Tal und Anhöhe, so daß beides von ihnen angefüllt ist. Von der Wartburg her auf dem Bergwege sieht man die älteren Pilger ihnen entgegenziehen. Wolfram kniet neben Tannhäusers Leiche, betend, die Augen gen Himmel gerichtet.)*

ENDE DER URFASSUNG

# Der textliche Inhalt des »Tannhäuser«

(Diese Inhaltsangabe ist so verfaßt, daß sie für beide Versionen, die »Dresdener« wie die »Pariser«, Gültigkeit besitzt.)

Nach der – sehr bedeutenden – Ouvertüre öffnet sich der Vorhang und gibt den Blick auf eine phantastische unterirdische Landschaft frei; es ist das »Zauberreich« der sagenhaften Liebesgöttin Venus, das mittelalterlicher Glaube oder Aberglaube in den »Hörselberg« verlegte, einen Gebirgszug irgendwo in Mitteldeutschland, vielleicht nahe der Wartburg in Thüringen, wo Wagner den realeren, wenn auch nicht unbedingt historischen Teil seiner Oper spielen läßt. Von dieser bei Eisenach gelegenen Wartburg hält sich durch Jahrhunderte die Annahme, hier habe im frühen 13. Jahrhundert eine Zusammenkunft bedeutender Minnesänger stattgefunden, die bei dieser Tagung – der man den Namen eines »Sängerkriegs« im Sinne eines dichterisch-musikalischen Wettstreits gab – aufgerufen waren, Taten und Ruhm des thüringischen Landgrafen *Hermann* zu besingen.

## ERSTER AUFZUG

Die erste Szene spielt sich im »Venusberg« ab, wo seit geraumen Zeiten der *Minnesänger Tannhäuser* (eine vermutlich historische Gestalt, aus deren Leben sehr wenig, aber sehr Abenteuerliches überliefert ist und die von einigen Forschern mit *Heinrich von Ofterdingen* identifiziert wird, was für den Gang der Oper unwichtig ist) in engstem Liebesbunde mit der Göttin der Sinnlichkeit, der strahlenden *Venus,* lebt. Tage und Nächte gibt es in ihrem Reiche nicht, ein unirdisches Licht umgibt das Leben der Nymphen und Bacchanten, die hier hausen in einer Existenz nicht endender Liebesfreuden. Aus seligem Schlafe in *Venus'* Armen fährt *Tannhäuser* auf: im Traum hörte er Glokken läuten. Und sinnt nun allem nach, was ihm in Zeiträumen, die er nicht mehr ermessen kann, verlorenging: Sonne und Sterne, die im Frühling aufblühende Natur, – wird er sie nie mehr erblicken? Wird er das Lied der Nachtigall nie mehr hören? *Venus* sucht seine Unruhe zu beschwichtigen: ist er so schnell der ihn hier umgebenden Wunder müde, reut es ihn, ein Gott zu sein? Sie fordert ihn zu einem Liede auf: er solle wieder, wie einst, als er durch den magischen Klang seiner Töne die Liebesgöttin selbst eroberte und den Zugang zu ihrem Reiche fand, der nur wenigen Auserwählten offensteht, die Liebe besingen, wie nur er es verstehe. Und *Tannhäuser* ergreift seine Leier, die kleine Handharfe, die das Lieblingsinstrument der mittelalterlichen Minnesänger gewesen sein dürfte, und stimmt eine Dankes- und Liebeshymne an Venus an. Aber gegen Ende versiegt die Begeisterung, die ihn beseelte, schmerzlich wird ihm bewußt, daß er auch in den Armen einer Göttin ein Sterblicher, ein Mensch geblieben sei. Und der Mensch sei nicht zu ununterbrochenem Genuß geboren, aus Freuden sehne er sich nach Schmerzen, nach Wechsel der Gefühle. Und so ruft er seine Geliebte an, ihn fortziehen zu lassen, zurück auf die Erde. Befremdet hört ihm Venus zu: habe er ihr etwas vorzuwerfen, wessen klage er sie an? Tannhäuser wiederholt, mit drängenderen Worten, sein Lied: nichts sei ihm vorenthalten, alles genieße er in vollsten Zügen, aber unstillbar sei die Sehnsucht in ihm erwacht, die ihn zurückverlangen lasse nach dem Duft der Wälder, dem Blau des Himmels, nach den Auen mit ihren Vogelstimmen... Tief gekränkt versteht Venus ihn kaum: er preise ihre Liebe und wolle ihr doch entfliehen? Sei er ihrer Reize überdrüssig? Nein, sie seien nur zu groß, zu stark für ihn, den Menschen, beteuert Tannhäuser, und: nie habe er sie stärker geliebt als in diesem Augenblick, da er fühle, sie verlassen zu müssen. Noch einmal sucht Venus ihn mit der Verlockung ihrer Umarmung in zauberhaften Grotten, inmitten märchenhafter Düfte zu binden, mit Freudenfesten, die nie enden sollten. Doch Tannhäuser bleibt stark: nochmals setzt er zu seiner Hymne an, die er in liebestrunkener Stimmung beginnt, und nochmals beendet er sie mit der Bitte, ihn ziehen zu lassen, in die Freiheit, zu den irdischen Kämpfen zurück, dem Widerstreit des Lebens, ohne den er nicht sein könne. Nun hält Venus ihn nicht länger: wenn es ihn zurückverlange in die Welt der Menschen, zurück zu den Leiden, die er einst ausgestanden, dann solle er ziehen, aber er werde wiederkehren, enttäuscht, angeekelt, zerknirscht und zertreten. Nie wieder, versichert Tannhäuser. Venus erinnert ihn an die Strafe, die die Welt auf das Verweilen in ihrem Zauberreich gesetzt hat: den Bannfluch. Aber Tannhäuser verläßt sie mit dem

Ausruf: »Mein Heil ruht in Maria!« Die Himmelskönigin wird ihm Verzeihen gewähren . . .
Die unterirdischen Grotten lösen sich in Luft auf, die geheimnisvollen Leuchten und Lichter, die zur Liebe rufen, verblassen vor dem hellen Frühlingstag, in dessen Mitte Tannhäuser steht, aufwacht wie aus langem, unfaßbarem Traum. Der Wald, die Fluren grünen um ihn, die Vögel singen, ein junger Hirt stimmt ein frohes Lenzeslied zur Schalmei an, von ferne grüßt das einst so vertraute Bild der Wartburg. Ein Pilgerchor zieht vorbei. Erschüttert sinkt Tannhäuser in die Knie. Da nahen Jagdhörner und bald eine frohe Gesellschaft: der Landgraf und sein Gefolge, in dem sich auch mancher Minnesänger befindet. Wolfram von Eschenbach ist der erste, der Tannhäuser wiedererkennt. Doch der ist zuerst verwirrt, fast abweisend: er scheint im Streit von den einstigen Kameraden gegangen zu sein und kann nun an seine Wiederkehr in ihren Kreis nicht glauben. Wo er so lange geweilt? Tannhäuser weicht der Frage des Landgrafen aus: »Ich wanderte in weiter, weiter Fern', da wo ich nimmer Rast noch Ruhe fand!« Die Männer umringen ihn freundschaftlich, der Landesherr spricht die Einladung auf die Burg aus, doch erst Wolframs innige Worte »Bleib' bei Elisabeth!« vermögen den früheren Kameraden zum Bleiben zu bewegen. Elisabeth! Des Landgrafen Nichte, die seinen oft so kühnen Gesängen mit unverhohlenem Anteil gelauscht, die ihm in stiller, tiefinnerlicher Art Beweise einer über seine Kunst hinausgehenden Zuneigung gegeben hatte: sie steht nun wieder vor seiner Seele, und ergriffen hält er, der sich schon zum Weiterziehen rüstete, inne. Wolfram berichtet ihm, neidlos und doch bewegt, wie Elisabeth vom Tage des Verschwindens Tannhäusers den Sängerkreis und seine Feste mied. Von neuem bestürmen ihn die früheren Gefährten, im Lande zu bleiben und ihren Zusammenkünften durch seine unbestrittene Meisterschaft neues Leben zu verleihen. In freudiger Stimmung, Tannhäuser in tiefer Rührung, tritt der Zug den Weg in die Wartburg an.

## ZWEITER AUFZUG

Dort spielt der zweite Akt. Die »Sängerhalle« bietet sich dem Blick des Beschauers. Erregt tritt Elisabeth ein; lange war sie dem Raum fern geblieben, nun aber ist er zurückgekehrt, dessen Gegenwart sie so schmerzlich vermißte; in ihrer von stürmischem Schwung getragenen »Hallenarie« gibt die junge Fürstin ihren Gefühlen freien Lauf. Tannhäuser, von Wolfram geleitet, tritt ein, und während dieser sich rücksichtsvoll zurückzieht, stürzt Tannhäuser zu Elisabeths Füßen. Auch auf ihre Frage nach seiner langen Abwesenheit antwortet Tannhäuser über seinen Aufenthalt: »Fern von hier, in weiten, weiten Landen, dichtes Vergessen hat zwischen Heut und Gestern sich gesenkt . . .« In ihrem langen Duett gestehen sie einander viel von ihren Gefühlen, denen nun mit Tannhäusers Rückkehr der Weg zum Glück offenzustehen scheint. Dem eintretenden Landgrafen wirft Elisabeth sich bewegt an die Brust; er versteht ihre Gefühle und willigt gütig ein, daß das, was einst der Gesang angebahnt, hier bei dem neuen Sängerfest, zu dem er aufgerufen, seine Krönung, seine Lösung finden möge. Schon schmettern die Trompeten aus dem Burghof, künden die Ankunft der Gäste; feierlich und mit Gepränge erfolgt deren Einzug. Der ganze Gau hat der Einladung Folge geleistet, eine erwartungsfrohe Menge von Rittern und Edeldamen nimmt vor der den Sängern errichteten Tribüne Platz. Dann erscheinen diese selbst, die Hauptakteure des erwarteten Festes. In bedeutungsvollen Worten begrüßt der Landgraf sie und gibt ihnen das Thema kund, zu dem sie heute in freien Gesängen ihre Meinung, ihre Gefühle gestalten sollen: die Liebe. Und »wer sie am würdigsten besingt, dem reich' Elisabeth den Preis, er fordre ihn so hoch und kühn er wolle . . .« Das Los entscheidet über den ersten Sänger: »Wolfram von Eschenbach, beginne!«

Mit den fast sprichwörtlich gewordenen Worten »Blick' ich umher in diesem edlen Kreise . . .« greift Wolfram in die Saiten seiner Leier; er schildert die Liebe als »Wunderbronnen« reinsten Wassers, frisch und klar, den anzubeten, nicht zu berühren und zu trüben es gelte. Lebhafte Zustimmung ertönt aus den Reihen der Gäste. Wolfram hat ihr Denken auszudrücken verstanden. Tannhäuser ist im Verlauf des Gesanges Wolframs unruhig geworden, nun steht er auf und ergreift das Wort: auch er kenne und schätze diesen Brunnen, aber er könne ihm nicht

Bühnenbild der Bayerischen Staatsoper, München, für den zweiten Akt: die »Halle« der Wartburg. (Claire Watson in der Rolle der Elisabeth während der Hallenarie. Bühnenbild: Helmut Jürgens, 1959).

Aus einer »Tannhäuser«-Aufführung des Bayreuther Festspielhauses: Wolfgang Windgassen (Tannhäuser) und Anja Silja (Elisabeth).

Elisabeth beschützt Tannhäuser vor dem Zorn der Ritter auf dem Höhepunkt des »Sängerkriegs«: Staatsoper München, 1970, mit (v. l. n. r.) Kurt Böhme, Hermann Prey, Anja Silja, Hermann Esser.

ohne heiße Sehnsucht nahen, den brennenden Durst darin zu kühlen, »in vollen Zügen Wonnen daraus zu trinken«. Denn dieser Quell ist unversiegbar und so ewig wie der Durst, der sich an ihm laben will. Als Tannhäuser endet, umfängt ihn eisiges Schweigen; eine beifällige Bewegung Elisabeths verstummt schnell. Walther[1] von der Vogelweide (gleich Wolfram von Eschenbach eine historische Gestalt, der vielleicht berühmteste Minnesänger seiner Zeit) ergreift – nur in der Dresdener Fassung! – das Wort. Er tritt entschieden auf Wolframs Seite, verurteilt Tannhäusers Lust, seine Lippen an den Quell zu legen, seine Leidenschaft kühlen zu wollen, wo es nur Anbetung der Tugend geben dürfte. Das Herz gelte es zu laben, nicht den Gaumen. Wieder krönt Jubel des Publikums die Ausführungen, die in würdevoller, stark betonter Rede vorgebracht wurden. Heftig fährt Tannhäuser auf, es wird klar, daß immer drängendere Erinnerungen ihn umkreisen. Er wirft Walther vor, die Liebe »entstellt« zu haben: zur Anbetung sei der Himmel geschaffen, seine Sterne und die anderen unbegreiflichen Wunder; nicht aber die Liebe, die sich Herz und Sinnen zugleich öffnet, die dem Menschen zum Genuß bestimmt sei! Sofort springt Biterolf auf, und inmitten wachsender allgemeiner Erregung ruft er zum Kampf gegen solche Ansichten: »Für Frauenehr und hohe Tugend als Ritter kämpf' ich mit dem Schwert; doch was Genuß beut deiner Jugend, ist wohlfeil, keines Streiches wert!« schleudert er Tannhäuser entgegen. Nun kann dieser sich nicht mehr fassen, er höhnt den Gegner: »Ha, tör'ger Prahler Biterolf! Singst du von Liebe, grimmer Wolf? . . . Was hast du Ärmster wohl genossen? Dein Leben war nicht liebereich, und was von Freuden dir entsprossen, das galt wohl wahrlich keinen Streich!« Er kommt nicht weiter, denn alle im Saale anwesenden Ritter ziehen die Schwerter und brechen in empörte Rufe gegen Tannhäuser aus. Der Landgraf weist alle in die Schranken, und Wolfram ergreift inmitten höchster Spannung nochmals das Wort. Sein Lied zur Harfe erhebt die Liebe noch einmal in höchste, gottgesandte Höhen. Da ist es mit Tannhäusers Beherrschung endgültig vorbei. In rasender Ekstase singt er, als erlebe er alle Wonnen des Venusbergs noch einmal, sein Triumphlied der Liebesgöttin. Er endet

[1] »Walther«, bei Wagner: »Walter«

in lodernder Verzückung: »Armsel'ge, die ihr Liebe nie genossen, zieht hin, zieht in den Berg der Venus ein!«
Im Augenblick entfesselt sich der schon in der Luft liegende Tumult, der Saal wogt vor wild erregten Menschen, die auf Tannhäuser eindringen. Da wirft sich Elisabeth vor ihn, deckt ihn mit ihrem eigenen Körper, den sie den gezückten Schwertern aussetzt: »Haltet ein! Zurück! Des Todes achte ich sonst nicht!« Den im Nu Verstummten entdeckt sie: »Was ist die Wunde eures Eisens gegen den Todesstoß, den ich von ihm empfing?« Erschütterung ergreift die Anwesenden, sie ahnen erst jetzt das Ausmaß der doppelten Tragödie. »Was liegt an mir?« fährt Elisabeth fort. »Doch er, – sein Heil! Wollt ihr sein ewig Heil ihm rauben?« Die Menge ist nicht gewillt zu verzeihen, noch einmal dringt sie gegen den wie bewußtlos stehenden Tannhäuser vor. Da verdoppelt Elisabeth, wie von heiliger Kraft gestärkt, ihr Bemühen; sie fleht, dem Sünder noch den Weg zu Buße und Sühne zu zeigen: »Seht mich, die Jungfrau, deren Blüte mit einem jähen Schlag er brach, die ihn geliebt tief im Gemüte, der jubelnd er das Herz zerstach! Ich fleh' für ihn, ich flehe für sein Leben ...« Langsam weicht der dichte Kreis, der Tannhäuser drohend umgibt. Endlich kann der Landgraf sein Urteil sprechen: »Ein furchtbares Verbrechen ward begangen, es stahl mit heuchlerischer Larve sich zu uns der Sünde fluchbeladner Sohn! Wir stoßen dich von uns... Zur Rettung doch vor ewigem Verderben steht offen dir ein Weg...« Und er weist den völlig zusammengebrochenen Tannhäuser nach Rom: Nur der Papst kann solche Sünde lösen.

## DRITTER AUFZUG

Es ist Herbst geworden. Wenn nach langem Orchesterzwischenspiel, das man als sinfonische Dichtung über Tannhäusers qualvolle Romfahrt verstehen kann, der Vorhang aufgeht, liegt das Tal seitlich der Wartburg im fahlen Licht eines herbstlich zur Neige gehenden Tages vor dem Beschauer. Vor einer Madonnenstatue liegt Elisabeth in inbrünstigem Gebet. Aus der waldigen Höhe tritt Wolfram auf die Lichtung. Er hält inne und will dann ungesehen weitergehen; der von fern herüberklingende Pilgerchor läßt ihn ausharren. Der Gesang schwillt an, die ersten Gestalten werden sichtbar, müde, aber sichtlich

Die Gestaltung der Pilgerchor-Szene in einer Aufführung der Bayerischen Staatsoper, in der Regie von Peter Lehmann und mit dem Bühnenbild von Rudolf Heinrich.

dankbar und mit Gott versöhnt, ziehen sie vorüber. Elisabeth hat ihnen ihr Antlitz zugewendet, das in Monaten um Jahre gealtert scheint: Tannhäuser kehrt nicht mit den entsühnten Pilgern zurück. Und erneut versinkt sie in Gebet: Gott möge sie, da er ihr Flehen für Tannhäuser nicht erhörte, von dieser Erde nehmen, um im Himmel für sein ewiges Heil beten zu können ...

Wolfram nähert sich ihr; aber Elisabeth bedeutet ihm mit einem stummen Kopfschütteln, daß sie nicht zu sprechen wünsche und den Heimweg durch die anbrechende Dunkelheit allein gehen wolle. Lange verfolgt Wolframs trauriger Blick ihre Gestalt. Am Himmel beginnen erste Sterne zu leuchten. »Wie Todesahnung Dämmrung deckt die Lande«, beginnt er sein Lied an den Abendstern. Lange verklingt es in die wachsende Nacht. Da taucht Tannhäuser auf. Nicht auf dem gewohnten Pilgerpfad, wie heimlich durch die Büsche kommt er, matt, wankenden Schritts, wie mit letzten Kräften auf einen Wanderstab gestützt. Die Begegnung der einstigen Freunde ist unheimlich. Höhnisch weist Tannhäuser jedes Mitleid zurück; er sucht nur noch eines: den Weg zum Venusberg, zurück in die Arme der Göttin, wie diese es ihm bei seiner Flucht vorausgesagt hatte. Es schaudert Wolfram, doch sein Bemühen um den völlig Zerstörten ist so tief und echt, daß Tannhäuser ihm von seiner gescheiterten Pilgerfahrt erzählt: »Inbrunst im Herzen, wie kein Büßer noch sie je gefühlt, sucht' ich den Weg nach Rom ...« Er schildert die schwierigen Pfade, die er freiwillig auf sich nahm, um seine Schuld zu sühnen, die Dornen und Steine, über die er seine nackten Sohlen lenkte, anstatt sie, wie andere Pilger, den weichen Wiesengrund entlangzuführen, die glühende Sommerhitze, gegen die er keinen Schutz suchte, die Nachtlager im Schnee und Eis der Alpen. Er berichtet von seiner Ankunft in Rom, von seinem Liegen auf der heiligen Schwelle, vom Sündenerlaß, der Tausenden zuteil wurde durch die Milde des Papstes, der Gottes Verzeihen verkündete. Und dann: sein eigenes Vortreten, seine Selbstanklage. Und des Papstes Verdammung: »Hast du so böse Lust geteilt, dich an der Hölle Glut entflammt, hast du im Venusberg geweilt, so bist nun ewig du verdammt! Wie dieser Stab in meiner Hand nie mehr sich schmückt mit frischem Grün, kann aus der Hölle heißem Brand Erlösung nimmer dir erblüh'n!« So kehrt er nun zurück, nicht zur Wartburg noch zu den einstigen Kameraden; ausgeschieden aus jeder menschlichen Gemeinschaft sucht er nur noch den Weg – »den einst so wunderleicht ich fand« – in das warme, wohlige Innere des Berges, in dem ein Reich der Liebe und des Vergessens für immer ihn erwarte . . . Und wie er Venus anruft, werden ferne flimmernde Klänge vernehmbar, die dunkle Waldesnacht durchzucken leuchtende, geheimnisvolle Flammen und Farben. In höchster Verzweiflung sucht Wolfram den Gefährten zurückzuhalten. Schon wird die Liebesgöttin durch Nebel und Zauberklänge sichtbar, ihre Nymphen scheinen einen betörenden Reigen durch den Wald zu spannen, – ein Schritt noch und die wollüstig ausgebreiteten Arme der Göttin erfassen Tannhäuser . . . Da ruft Wolfram in letzter Not den Namen Elisabeths. Einen Augenblick lang noch scheint der Kampf um Tannhäusers Schicksal zwischen den beiden Welten unentschieden. Dann versinkt das Zauberreich, sein flackerndes Licht geht in den Fackelschein über, der aus dem Walde sichtbar wird: ein Trauerzug, der auf einer Bahre die Leiche Elisabeths trägt. An ihr sinkt Tannhäuser tot zu Boden. Pilger bringen, ohne die Bedeutung dieses Wunders zu erkennen, einen bischöflichen Krummstab, wie ihn auch der oberste Seelenhirt, der Papst, trägt: und das längst tote Holz weist einen frisch gekeimten grünen Zweig auf. Gott ist größer als sein irdischer Diener, sein Stellvertreter. Für Gott gibt es keine unsühnbare Schuld auf Erden.

# Der musikalische Inhalt des »Tannhäuser«

Wenn dieser auch in allen Einzelheiten aus der Analyse hervorgeht, die parallel zum Text vorgenommen wird, so sei hier doch zusammenfassend auf einige der wichtigsten musikalischen Kennzeichen und Momente der Partitur hingewiesen.
»Tannhäuser« schreitet auf dem Weg des »Fliegenden Holländers« fort; er stellt eine »durchkomponierte« Oper dar, also ein Musikwerk ohne eingeschobene gesprochene Prosastellen, wie sie in der frühen deutschen Oper (»Die Zauberflöte«, »Fidelio«, »Der Freischütz« als Beispiele) noch üblich waren. *Wagners* Stil ist der eines durchlaufenden dramatischen Rezitativs mit wechselnd intensiver Orchesterbegleitung. An mehreren Höhepunkten finden sich aber trotzdem »geschlossene« Musikstücke, die noch an Opernwerke früherer Zeiten gemahnen und beinahe als Arien angesprochen werden können. Ob man *Tannhäusers* Hymnus an *Venus* als solches bezeichnen will, ist schwer zu entscheiden; denn diesem Lied liegt zugleich eine dramatische Idee zugrunde: Es wird auf dem Höhepunkt des Sängerkriegs von Tannhäuser angestimmt, Erinnerung an *Venus* und Trotzlied, Kampfansage zugleich an die rein geistige, nicht sinnliche Auffassung der Liebe, die von seinen Widersachern vertreten wird.
Eindeutig tritt das arienähnliche Wesen bei zwei anderen Musikstücken hervor, die beide der Rolle *Elisabeths* zugeteilt sind: die »Hallenarie« zu Beginn des zweiten und das »Gebet« zu Anfang des dritten Aktes. Arienartig ist auch das Gesangsstück, das *Wagner* im dritten Akt der Rolle *Wolframs* zugeteilt hat: das »Lied an den Abendstern«. Ja, hier wird der Ariencharakter im Sinne der früheren Oper sogar am deutlichsten; denn wenn die beiden geschlossenen Gesangsstücke *Elisabeths* aus der dramatischen Handlung selbst erwachsen und deren Ablauf vertiefen, so ist dies bei *Wolframs* Lied kaum der Fall: Es ist ein – überaus berühmt gewordenes – Gesangsstück von rein stimmungsmäßigem Zauber; zum Fortgang der dramatischen Handlung wäre es nicht notwendig. Doch ließe sich zur tieferen Motivierung dieses Liedes anführen, es stelle mit der ruhigen Naturbetrachtung und deren Symbolcharakter für *Wolframs*

edle Ausgeglichenheit einen wirksamen Kontrast zur seelischen Unrast, ja Vernichtung des gleich darauf auftauchenden *Tannhäuser* dar.
Damit sind die »geschlossenen«, das heißt: in sich abgeschlossenen Musikstücke dieser Partitur noch nicht erschöpft. Zu diesen gehören vielmehr der ebenfalls äußerst populär gewordene »Pilgerchor« und der marschartige »Einzug der Gäste auf der Wartburg«. Man könnte das Tannhäuser-Drama als eine Gegenüberstellung zweier völlig auseinanderklaffender, ja einander zutiefst entgegengesetzter Welten verstehen: die Welt des christlichen Glaubens und die Gegenwelt des Venusberges, das unirdische Reich der Sinnenfreuden, des nicht endenden Genusses. Die erstere Welt wird musikalisch durch den Pilgerchor versinnbildlicht: Er ist in klaren Intervallen, in einem ruhigen Zeitmaß und in einer äußerst zuversichtlichen Stimmung gehalten.
Im Gegensatz hierzu ist *Venus'* Welt (besonders in der »Pariser Fassung«, die diesen Teilen eine wesentliche Verstärkung in Dauer und Intensität zuspricht) durch eine irisierende Instrumentation in vorwiegend sehr hohen Streicherklängen, eine starke Verwendung der Chromatik und eine kaum je vorher in dieser Stärke vorkommende Sinnlichkeit charakterisiert.
*Wagner* wäre nicht der geborene Dramatiker, der er ist, wenn er die scharfen Kontraste, die das Werk enthält, nicht auch musikalisch aufs deutlichste unterstriche. Venuswelt und Elisabethwelt: sie unterscheiden sich schon im rein Musikalischen grundlegend voneinander. Zu *Elisabeth* gehört die Wartburgwelt: die mittelalterliche Gläubigkeit, das ritterlich hohe Denken von der Liebe, der »Minnedienst« mit seinen ethischen und moralischen Idealen. Hier ist *Wagners* Musik von höchster, unsinnlicher Geistigkeit – soweit Musik überhaupt jemals »unsinnlich« zu sein vermag –, während sie rund um die Liebesgöttin *Venus* im ersten Bild und sehr kurz nochmals im dritten Akt alle Register orgiastischer Schwüle zieht, sowohl thematisch wie instrumentatorisch.
Interessant scheint, daß nur die klare Elisabeth-Welt klare und festumrissene musikalische Formen zeigt: Elisabeth selbst hat zwei, die man fast als »Arien« ansprechen kann, Wolfram eine, auch der Pilgerchor gehört dazu. Hingegen ist in Venus' Partie nichts derartiges zu finden. Und Tannhäuser? Sein Lied an Ve-

Die Wartburg bei Eisenach in Thüringen.
(Entwurf des Bühnenbilds von Prof. Max Brückner zur Bayreuther Aufführung 1891.)

nus gehört, da es seinen Wunsch ausdrückt, aus ihrer Welt in die »Gegenwelt« zurückzukehren, eher dieser an.
Daß der zweiunddreißigjährige *Wagner* bereits über eine hervorragende Technik des dramatisch-musikalischen Aufbaus verfügt, kann allein schon durch den Verlauf des zweiten Aktes, des »Sängerkriegs«, bewiesen werden. Wie dieser in gelöster, festlicher Atmosphäre anhebt und in immerwährender Steigerung zum explosiven Höhepunkt von *Tannhäusers* Herausforderung an die Wartburgwelt sich erhitzt und zum Zerreißen anspannt, zeigt den geborenen Bühnenmenschen. Mag rein musikalisch *Wagner* noch einen bedeutenden Weg vor sich haben, um zu den absoluten Höhepunkten von »Tristan und Isolde«, der »Meistersinger von Nürnberg«, des »Ring des Nibelungen« und schließlich des »Parsifal« zu gelangen, die Szenenführung des »Tannhäuser« weist ihn als eines der stärksten Theatertalente aller Zeiten aus.
Stark ist auch bereits die Sangbarkeit seiner Rollen entwickelt. *Tannhäuser* selbst liegt allerdings an der obersten Grenze der stimmlichen Möglichkeiten, aber hier hat *Wagner* bestimmt mit vollem Bewußtsein beinahe Unmögliches gefordert: *Tannhäuser* ist, wie *Wagner* selbst erklärt hat, ein Mensch der Extreme, der Ekstasen, der höchsten Empfindsamkeiten, – wie könnte er ihn in einer »mittleren« Lage singen lassen? Es muß stets etwas von äußerster Anspannung in ihm sein, vom verzweifelten Trotz des Abschieds aus dem Venusberg bis zum vernichtenden Wiedererleben der Pilgerfahrt in der »Romerzählung«. Von hoher, schöner Sangbarkeit mit innigem Ausdruck ist die Partie der *Elisabeth*, von dunklem Timbre sinnbetörender Klänge muß die Stimme der *Venus* vibrieren. Beide Frauenpartien, wie es manchmal geschehen ist, von derselben Sängerin interpretieren zu lassen muß als Virtuosenstück gelten, entspricht aber kaum den Intentionen *Wagners*.

# Zur Geschichte des »Tannhäuser«

Der Gedanke der »Erlösung«, aus dem *Wagner* seinen »Fliegenden Holländer« gestaltet hatte, belebte und bewegte auch weiterhin sein Schaffen. Er kehrt noch des öfteren wieder, jedesmal in anderer Art, aber doch von der grundlegenden Idee beseelt, es könne im menschlichen Leben – auch im abwegigsten, verirrtesten, unglücklichsten – keine unsühnbare Schuld, keine absolute Verdammung geben. Nach der Dichtung und Komposition vom verfluchten Seemann, den die reine Liebe eines Mädchens von den Qualen des ruhelosen Jagens über die Weltmeere, vom Ahasver-Schicksal des Heimatlosen erlöst, trieb es *Wagner* unwiderstehlich zu einem irgendwie verwandten Stoff. Er verwarf den früher gefaßten Plan einer »Sarazenin«, einer orientalischen Oper, die ihm nun ein Rückschritt zu »Rienzi«, vor allem aber eine für ihn nun immer undenkbarer werdende Annäherung an die herrschende Richtung der französischen Oper zu sein schien, an *Halévy* und besonders an den von ihm später so gehaßten *Meyerbeer*. Er erkannte, daß er seinen eigenen Weg fortschreiten mußte, und der führte ihn in die Gefilde der Sagen, Mythen, Legenden nordischen, nordeuropäischen Ursprungs und in die deutsche Vergangenheit.

*Wagners* bittere Jahre in Paris ließen ein Heimweh in ihm entstehen, wie es jedes Exil, jede Auswanderung in irgendeiner Form hervorruft. Das unüberwindbare Fremdsein in der französischen Metropole schuf ein weder vorher noch später je bei ihm festzustellendes Heimatgefühl, ein Bewußtsein des Deutschtums, das nicht nur die unmittelbare Stoffwahl der nächsten Werke beeinflußt, sondern auch den Grundstock für das gesamte weitere Schaffen legt. Nicht etwa, daß alle Themen, die in seinen künftigen Werken eine Rolle spielen, »deutsch« wären in einem engen, nationalistischen Sinne; aber sie werden, wo sie es nicht sind, in einen »deutschen« Zusammenhang gebracht. Oder zumindest einen »nordischen«, nordeuropäischen. Von den beiden großen Kulturkreisen des »abendländischen« Altertums – dem mittelmeerischen und dem nordischen – wählt *Wagner*, als seiner Art und seiner Sprache entsprechenden, den zweiten. Erst sein letztes Werk, »Parsifal«, macht hier eine Ausnahme, es sucht vielerlei, ja alles mit-

einander zu verbinden, sogar Abendländisches mit Morgenländischem. Doch vorher kann über *Wagners* Wahl und geistige Einstellung kein Zweifel bestehen. Sein »Tannhäuser« deutscht einen vielleicht ursprünglich italienischen Stoff – das »Danheusergedicht« – völlig ein und verbindet ihn durch geographische Annäherung mit einem zweiten Sagenkreis rund um die Wartburg, wie im einzelnen untersucht werden wird. In »Lohengrin« sitzt ein deutscher König, den die Geschichte verzeichnet, unter einer brabantischen Eiche am Ufer der Schelde zu Gericht. Im »Ring des Nibelungen«, der in nordischer Vorzeit verankert sein könnte, vollzieht *Wagner* eine Ortung »am Rhein«, wodurch der menschliche Teil des überdimensionalen Dramas geographisch bestimmt wird. Eine Ausnahme scheint »Tristan und Isolde« zu bilden; zu klar werden Irland und Cornwall genannt, aber die Tragödie erfährt ihre »geistige Formung« *(Joseph Gregor)* durch *Wagner* auf Grund seiner mittelhochdeutschen Quellenforschung – bei *Wolfram von Eschenbach* und anderen Minnesängern – sowie der Versenkung in die Philosophie des Deutschen *Arthur Schopenhauer.* Über das Deutschtum der »Meistersinger von Nürnberg« ist kein Wort zu verlieren. Schließlich ist *Wagner* auch über *Wolfram von Eschenbach* zum Thema des »Parsifal« gekommen[1]; aber hier sprengen sowohl seine Angabe, der Gralstempel liege in spanischem Gebiet nahe der (damaligen) Grenze zur arabischen Welt, wie vor allem auch die Gestalt Kundrys, die eine lange Kette von Wiedergeburten in verschiedenen Weltteilen durchlebt zu haben scheint, jede Geographie und jede einschränkende Volkszugehörigkeit. Während *Verdi, Wagners* größter musikalischer Zeitgenosse, in seinem Opernschaffen eine kaum zu überbietende Internationalität aufweist – so italienisch seine Musik auch stets klingen mag –, *Wagner* ist deutsch in Denken, Fühlen, Dichten und Komponieren. Das bedeutet keinen engstirnigen, ja nicht einmal begrenzenden bzw. anderes geringschätzenden Nationalismus oder gar Chauvinismus, wie so oft von seinen ihn mißverstehenden Anhängern oder seinen ihn ebenso falsch einschätzenden Gegnern geglaubt und verkündet wurde.
So wie das »nationale« Element bei *Wagner* immer nur Anre-

[1] Siehe den Band Nr. 33057 »Parsifal« in dieser Reihe.

gung, Motivierung, nicht Thema ist – vielleicht mit Ausnahme der »Meistersinger von Nürnberg«, wenn man es so auffassen will –, so wachsen seine Werke auch über das umgrenzt Zeitliche hinaus, streben ins Zeitlose, in die Überzeitlichkeit, sichern ihren auf der Bühne handelnden Personen eine Allgemeingültigkeit, die – wieder abgesehen von den »Meistersingern« – Symbolcharakter erreicht. *Wagners* Dramen spielen vor allem in mythischen, legendären, sagenhaften Zeiträumen, in Abläufen, die kein Kalender einteilt und die oft genug über irdische Maßstäbe weit hinausreichen. So kann des fliegenden Holländers Wanderung über die Weltmeere in keine Zeiteinteilung gepreßt werden (trotz des symbolhaften Siebenjahr-Abstands, der zwischen seinen Landungen liegt). Das Reich der Venus (in »Tannhäuser«) erstreckt sich über zeitlose Räume, in denen die Jahreszeiten und jedes andere an irdische Verhältnisse gemahnende Maß aufgehoben sind. Lohengrins Reise im schwangezogenen Nachen aus »fernem Land, unnahbar euren Schritten« hin zum Bruderstreit in Brabant ist nicht in Tagen oder Stunden nachzumessen. Das Nibelungendrama spielt sich in unwägbaren Äonen ab, und Kundry (in »Parsifal«) überdauert Generation auf Generation, ohne vom menschlichen Begriff des Alters erreicht zu werden.
Vielleicht ist gerade das *Wagners* bedeutendste dramatische Tat: Zeitloses so in Zeitliches, Universales so in Räumliches zu binden, daß es uns vorstellbar, ja greifbar lebendig wird und Phantastisches mit Realistischem eine theoretisch kaum denkbare Bindung eingeht. Des fliegenden Holländers Schicksal ist nicht an Zeit und Raum gebunden, aber *Wagner* verlegt dessen Höhepunkt an einen uns leicht vorstellbaren Punkt: an die norwegische Küste, in das Fischer- und Schifferdorf des durchaus irdischen Kapitäns Daland. Das unterirdische Reich der Venus, Göttin der loderndsten Sinnlichkeit, ist keinem weltlichen Platz, keiner menschlichen Zeit verbunden, aber *Wagner* legt dieses Traumland des reinen Eros in die Nähe der Wartburg, ins landschaftlich liebliche Thüringen, das vertraut, bekannt, heimatlich anmutet und das von irdischen Gestalten belebt ist. Das Ufer der Schelde, mit Burg und Land, wie sie in sachlichen Chroniken stehen, verknüpft sich mühelos mit der Ankunft des beinahe überirdischen Gralsritters Lohengrin, der den Schritt aus einer anderen in diese Welt zwar geheimnisvoll, aber

Hermann Prey als Wolfram von Eschenbach, in der Aufführung der Bayerischen Staatsoper vom 18. Mai 1970.

durchaus greifbar vor unseren Augen vollzieht. Der Kontrastreichtum, den *Wagners* Visionen in überwältigender Fülle besitzen, macht ihn zum geborenen Dramatiker, den griechischen Meistern, Shakespeare, Schiller und einigen wenigen mehr verwandt.

Und so verbindet er in seinen ersten Plänen zum »Tannhäuser« verschiedenste Elemente miteinander, die ursprünglich recht lose oder überhaupt nicht zusammengehörten, die aber wohl erst in dieser Verbindung ihre unwiderstehliche, ja explosive dramatische Kraft erlangten, ganz so, wie dies gelegentlich bei chemischen Elementen der Fall sein kann, sobald sie miteinander in Berührung gebracht werden. *Wagner* kannte längst die Erzählungen von einem legendären »Sängerkrieg« bei einer trotz dieses Namens durchaus friedlich verlaufenen Zusammenkunft berühmter Minnesänger auf der Wartburg in Thüringen zu Beginn des 13. Jahrhunderts. Was ging sie ihn an? Da bemühten sich, der Chronik nach, einige Dichter und Musiker der damaligen Zeit – beide Künste gehörten recht eng zusammen – anscheinend darum, das Loblied des Landesfürsten *Hermann* zu singen. Es mochte literarisch bedeutungsvoll sein; die Handschriften, die davon berichten (ohne die Geschichtlichkeit des Ereignisses einwandfrei nachzuweisen), können dem Forscher Interessantes bieten, für Wagner aber war dies alles an sich bedeutungslos.

Mehr fesselte ihn eine andere Sage aus alten Tagen; sie scheint in den Pariser Exilstagen in sein Bewußtsein getreten zu sein. Da war bei *Heinrich Heine* die Rede von einem Minnesänger namens Tannhäuser, der ein glühend sinnliches Gedicht an die Liebesgöttin Venus geschrieben haben und dafür vom Papst mit ewigem Bannfluch belegt worden sein soll. Schon einmal war ja *Heine*, der in seiner Pariser »Matratzengruft« *Wagners* Emigrantenschicksal in der gleichen Stadt Paris teilte, zum Anreger eines Werkes dieses jungen Dichterkomponisten geworden: Seine Schilderung des verfluchten Seemanns war *Wagners* unmittelbarer Anstoß zum »Fliegenden Holländer« geworden. Und nun, nur wenige Jahre später, liest *Wagner Heines* »Der Tannhäuser, eine Legende« –, 1836 in Form eines der beliebten »Reisebilder« verfaßt, in einen Aufsatz über »Elementargeister« übernommen und 1837 im dritten Band des »Salon« veröffentlicht. Diesen hielt *Wagner* wohl in Händen,

wenn er sich in den entnervenden Pariser Tagen gelegentlich von der Fronarbeit für andere ausruhte und Bücher den geistig unersättlich Interessierten in Phantasiewelten entführten.
Zur Entstehungsgeschichte des »Tannhäuser« erfahren wir einiges aus *Wagners* Schriften. So steht in der 1851 in Zürich verfaßten »Mitteilung an meine Freunde« ein Abriß der Pariser Hungerjahre, die ihm trotz schlimmster geistiger und materieller Not die großen Werke »Rienzi« und »Der Fliegende Holländer« gaben. Er erinnert an den Wandel seines Zustands, den die Annahme des ersteren im Dresdener Hoftheater bedeutete. Er erwähnt den Verkauf des Textbuches zum zweiten an den Direktor der Pariser Oper, der es einem vergessenen französischen Komponisten[1] übergab, was *Wagner* allerdings nicht hinderte, sein Libretto ein wenig später selbst in Musik zu setzen. Dann fährt er fort:
». . . . Ganz schon mit meiner Rückkehr nach Deutschland und mit der Beschaffung der nötigen Mittel dazu beschäftigt, mußte ich, gerade um dieser letzteren willen, nach der Beendigung des ›Fliegenden Holländers‹ noch einmal zur musikalischen Lohnarbeit greifen. Ich machte Klavierauszüge von Halévyschen Opern[2]. Ein gewonnener Stolz bewahrte mich aber bereits vor der Bitterkeit, mit der mich früher diese Demütigung erfüllt hatte. Ich behielt guten Humor, korrespondierte mit der Heimat wegen der vorrückenden Zurüstungen zur Aufführung des ›Rienzi‹; aus Berlin traf selbst die Bestätigung der Annahme meines ›Fliegenden Holländers‹ zur Aufführung ein[3]. Ich lebte schon ganz in der ersehnten, nun bald zu betretenden heimischen Welt. In dieser Stimmung fiel mir das deutsche Volksbuch vom Tannhäuser in die Hände; diese wunderbare Gestalt der Volksdichtung ergriff mich sogleich auf das heftigste: sie konnte dies aber auch erst *jetzt.* Keineswegs war mir der Tannhäuser an sich eine völlig unbekannte Erscheinung: schon früh war er mir durch Tiecks Erzählung[4] bekannt geworden. Er hatte mich damals in der phantastisch mystischen Weise angeregt, wie Hoffmanns Erzählungen[5] auf meine jugendliche Einbil-

[1] Pierre Louis Philippe Dietsch (1808–65), der dann 1861 die Pariser Erstaufführung des »Tannhäuser« leitete.
[2] Jacque F. E. Halévy (1799–1862), Komponist der »Jüdin« und anderer Opern.
[3] Die Berliner Aufführung fand schließlich erst nach der Dresdener statt.
[4] Ludwig Tieck (1773–1853), bedeutender Anreger der romantischen Literatur.
[5] E. T. A. Hoffmann (1776–1822), berühmter Dichter, auch Maler und Komponist.

dungskraft gewirkt hatten; nie aber war von diesem Gebiete aus auf meinen künstlerischen Gestaltungstrieb Einfluß ausgeübt worden. Das durchaus moderne Gedicht Tiecks las ich jetzt wieder durch und begriff nun, warum seine mystisch kokette, katholisch frivole Tendenz mich zu keiner Teilnahme bestimmt hatte; es ward mir dies aus dem Volksbuche und dem schlichten Tannhäuserliede ersichtlich, aus dem mir das einfache echte Volksgedicht der Tannhäusergestalt in so unentstellten, schnell verständlichen Zügen entgegentrat. Was mich aber vollends unwiderstehlich anzog, war die wenn auch sehr lose Verbindung, in die ich den Tannhäuser mit dem ›Sängerkrieg auf Wartburg‹ in jenem Volksbuche gebracht fand. Auch dieses dichterische Moment hatte ich bereits früher durch eine Erzählung Hoffmanns kennengelernt; aber, gerade wie die Tiecksche vom Tannhäuser, hatte sie mich ganz ohne Anregung zu dramatischer Gestaltung gelassen. Jetzt geriet ich darauf, diesem Sängerkriege, der mich mit seiner ganzen Umgebung so unendlich heimatlich anwehte, in seiner einfachsten, echtesten Gestalt auf die Spur zu kommen; dies führte mich zu dem Studium des mittelhochdeutschen Gedichtes vom Sängerkriege, das mir glücklicherweise einer meiner Freunde, ein deutscher Philolog, der es zufällig in seinem Besitz hatte, verschaffen konnte . . .«

Beim Diktat, das *Cosima*, damals noch *Hans von Bülows* Gattin und *Wagners* Freundin, ein Dutzend Jahre später aufnahm, im Buche »Mein Leben« also, erfahren wir weitere Einzelheiten aus der Entstehungszeit des »Tannhäuser«. Blättern wir ein wenig:

». . . Ich hatte diesen Stoff[1] mit vielen reichen Szenen und verwickelten Situationen ausgestattet, so daß ich ihn in seiner Ausführung, sobald ich ihn mit andren mir bekannten Sujets ähnlicher Art zusammenhielt, für ziemlich reichhaltig, interessant und effektvoll halten durfte. Dennoch konnte ich mich nie genügend dafür erwärmen, um ernstlich an seine Ausführung zu denken; wogegen nun ein andrer Stoff mich auf das allerinbrünstigste einnahm. Diesen hatte mir ein zufällig in die Hand geratenes Volksbuch vom ›Venusberg‹ eingegeben. Hatte ich im unwillkürlichen Drange dem, was ich als ›deutsch‹ mit im-

[1] Der geplanten, nie ausgeführten Oper »Die Sarazenin«.

mer innigerer Wärme sehnsüchtig zu erfassen suchte, mich immer näher zugewandt, so ging mir dies hier plötzlich in der einfachen, auf das bekannte Lied vom ›Tannhäuser‹ begründeten Darstellung der Sage auf. Zwar kannte ich alle zu ihr gehörigen Elemente bereits durch Tiecks Erzählung in seinem ›Phantasus‹; doch hatte mich diese Fassung des Gegenstandes mehr auf das phantastische, früher von Hoffmann in mir begründete Gebiet zurückgeführt, und keineswegs hätte ich dieser vollständig ausgebildeten Erzählung den Stoff zu einer dramatischen Arbeit zu entnehmen mich verleitet fühlen können. Was allerdings dem Volksbuch sogleich nach dieser Seite hin ein großes Übergewicht bei mir gab, war, daß ›Tannhäuser‹ hier, wenn auch nur durch sehr flüchtige Beziehung, mit dem ›Sängerkrieg auf Wartburg‹ in Verbindung gesetzt war. Auch diesen kannte ich bereits durch eine Hoffmannsche Erzählung in dessen ›Serapionsbrüdern‹; nur fühlte ich, daß der alte Stoff hier sehr entstellt dem Dichter aufgegangen war, und suchte nun mir näheren Aufschluß über die echte Gestalt dieser anziehenden Sage zu verschaffen. Da brachte mir Lehrs[1] ein Jahresheft der Königsberger Deutschen Gesellschaft, in welchem Lukas[2] den ›Wartburgkrieg‹ kritisch näher behandelte, namentlich auch den Text davon in der Ursprache[3] gab. Trotzdem ich von dieser echten Fassung für meine Absicht materiell so gut wie gar nichts benutzen konnte, zeigte er mir doch das deutsche Mittelalter in einer prägnanten Farbe, von welcher ich bis dahin keine Ahnung erhalten hatte . . .«

Der Kreis der Quellen, aus denen *Wagner* zu seinem »Tannhäuser« schöpfte, ist groß. *Hoffmanns* »Kampf der Sänger« geht, wie er selbst angibt, auf eine Chronik des Altdorfer Professors *Johann Christoph Wagenseil* zurück. Das mittelalterliche Poem, auf das *Wagner* durch die Lektüre der »Serapionsbrüder« aufmerksam wurde, stellt ein umfangreiches Gedicht von nicht weniger als 119 Strophen dar. Weitere Gedanken entnahm *Wagner* den »Deutschen Sagen« der *Brüder Grimm*, in denen Tannhäuser, der Sängerkrieg und der Hörselberg – Sitz der Liebesgöttin Venus – vorkommen. *Ludwig Tiecks* Erzäh-

[1] Samuel Lehrs, deutscher Philosoph, Wagners Freund seit den Pariser Tagen.
[2] Der Königsberger Philologe Prof. E. T. Lukas.
[3] Mittelhochdeutsch.

lung vom »Getreuen Eckart und Tannehäuser«, *Fouqués*[1] »Sängerkrieg« sowie ganz besonders ein »Sagen von Eisenach und seiner Wartburg« betiteltes und von *Ludwig Bechstein*[2] herausgegebenes Buch sind in *Wagners* Werk eingeflossen. Vielleicht wäre auch noch *E. T. A. Hoffmanns* »Bergwerk zu Falun« zu erwähnen; hier findet sich eine dichterische Gestaltung der beiden Pole der Liebe, wie Wagner sie in »Tannhäuser« zu höchster dramatischer Gültigkeit ausgebaut hat: Eine »Bergkönigin« und ein irdisches Mädchen stehen einander gegenüber; unschwer lassen sich hier Fäden zu Wagners Venus und Elisabeth spinnen.

Schließlich dürfen zwei »Handschriften« nicht unerwähnt bleiben, die wesentlich zu unserem Wissen um Europas Kulturleben im Mittelalter beigetragen haben: die *Manessesche*, die in Zürich um 1330 entstanden sein dürfte, und die *Jenaer*. In dieser letzteren findet sich ein Bericht über den »Sängerkrieg auf Wartburg«, in dem verzeichnet steht: »Daz erste syngen hie no tut Heynrich von Ofterdingen ...« *Heinrich von Ofterdingen:* er wird in mehreren alten Quellen genannt. In einer ziemlich vergessenen Schrift des Thüringer Chronisten *Johann Rothe*, Kanonikus zu Eisenach, steht zu lesen, daß an dem Sängertreffen auf der Wartburg neben »Rittern und Wappentragenden« auch einige weniger hochgestellte Persönlichkeiten teilnehmen durften: so *Bitterolf* (den *Wagner* als Biterolf zum hitzigsten Gegner Tannhäusers beim Sängerkrieg macht), der »einer aus dem Hofgesinde des Landgrafen« war, und *Heinrich von Ofterdingen*, »eyn borger uz der stad Ysenach«, ein Bürger aus der Stadt Eisenach, der anscheinend, dem früher zitierten Satz zufolge, den Wettstreit der versammelten Minnesänger eröffnete.

Der von *Wagner* erwähnte Königsberger Professor *Lukas* oder *Lucas* vertrat nun, vielleicht als erster mit wissenschaftlichem Anspruch, den bis heute allerdings unerwiesenen Standpunkt, jener bürgerliche *Heinrich von Ofterdingen* sei niemand anderer gewesen als ein geheimnisvoller Minnesänger namens *Tannhäuser*, von dem Volkslied und Volkssage durch die Jahrhunderte viel und Abenteuerliches zu erzählen wußten. Sicher aber ist nur eines: ihrer beider Taufname war *Heinrich.*

Es soll ihn gegeben haben. Einer Quelle zufolge soll er um 1200

[1] Friedrich de la Motte Fouqué (1777–1843), deutscher romantischer Dichter.
[2] Ludwig Bechstein (1801–1860), Erzähler und Sammler deutscher Sagen und Märchen.

im bayerischen Chiemgau geboren worden und als Jüngling seinen Eltern entlaufen sein; möglicherweise beteiligte er sich an einem Kreuzzug, wie es der Brauch der Zeit für junge, erlebnislustige Männer war. Heimgekehrt kam er vielleicht an den Hof des *Herzogs Friedrich II. von Österreich*, der in der Geschichte den Beinamen »der Streitbare« erhielt, weil er sich in offenen Gegensatz zum gleichnamigen *Kaiser Friedrich II.* setzte, den Hohenstaufen (1212–50), der sicher einer der bedeutendsten Herrscher des Abendlandes war.
Dann verschwindet die Gestalt *Tannhäusers* aus der Geschichte – wenn man sie überhaupt dort ansiedeln kann – und wird vollends zur Legende: wilde, wirre Abenteuer, Kämpfe ohne Zahl, Auflehnung gegen alles und alle, ein Ende in unbekanntem Elend. Von einem Minnesängertum ist nie die Rede, und ebensowenig ist ein Zusammenhang mit dem Treffen auf der Wartburg festzustellen. Und doch ist irgendwo davon die Rede, dieser angebliche Minnesänger *Tannhäuser* habe eine Hymne auf die Liebesgöttin Venus verfaßt und sei dafür vom Papst mit Acht und Bann belegt worden.
Die Volkssage weiß von einem wilden Gesellen zu berichten, der, weil er »im Tann hauste«, *Danhauser, Danheuser* oder *Tannhäuser* genannt wurde. Aus diesem dunklen Forst, wo er in einer roh gezimmerten Hütte überwinterte wie ein Tier im Schlaf, brach er im Frühling aus in die Welt, von frischen Kräften beseelt, durchzog sonnentrunken die sommerlichen Lande und kehrte mit den Herbststürmen zurück in den Wald. Oder in das geheimnisvolle Reich der Frau Venus?
In deutschen Landen wurde gegen Ende des 13. Jahrhunderts von fahrenden Spielleuten ein »Lied vom Tannhäuser« verbreitet, das angeblich aus dem tiefen Süden über die Alpen gebracht worden war. Es spricht vom »Danheuser« und erwähnt den *Papst Urban*, womit nur *Urban IV.* gemeint sein kann, der von 1261 bis 1264 auf Petri Stuhl saß. Allerdings nicht in Rom, wie dieses ferne Tannhäuser-Lied singt und wie *Wagner* es in seine Oper übernimmt. *Urban IV.* hat Rom nie betreten, er regierte in Viterbo und führte das Fronleichnamsfest ein, zu dem ihm der seit 1261 an seinem Hof lebende *Thomas von Aquino* die Grundlagen übermittelt hatte. Im Liede, das *Tannhäuser* die Pilgerfahrt nach Rom antreten läßt, ist des Papstes Antwort an ihn schon wörtlich so vorhanden, wie *Wagner* sie sechshun-

Walther von der Vogelweide, der wohl berühmteste Minnesänger, in der ›Manessischen Handschrift‹, der wohl wichtigsten Quelle jener Kulturepoche.

Auch ein Bild »des Tannhäuser« findet sich in der »Manessischen Handschrift«.

»Tannhäuser als Büßer vor Papst Urban IV.«
Malerische Interpretation von Joseph Aigner
für König Ludwig II. Schloß Neuschwanstein.

dert Jahre später in seine Oper übernimmt: »Als wenig es begrünen mag, kumpst du zu Gottes Hulde«, sagt *Urban IV.*, indem er auf seinen Krummstab weist: So wenig dieses tote Holz je wieder grüne Blätter treiben könne, so wenig werde dem Sünder, der im Venusberg geweilt, Gottes Gnade zuteil werden. Das alte Lied läßt *Danheuser* den Weg in den Venusberg suchen, den einzigen, der ihm nach diesem Urteil noch offen steht. Er findet ihn, wird mit offenen Armen empfangen und lebt nun in nicht endenden Wonnen wie vorher, als er in die Welt zurück geflohen war. Genauso schildert *Wagner* seinen Tannhäuser und dessen Venusberg-Erlebnis. Doch läßt er ihn nicht mehr bis in den Venusberg gelangen, das Wunder, das inzwischen in Rom eingetreten ist, verhindert es, buchstäblich im letzten Augenblick. Das Wunder steht ebenfalls bereits im mittelhochdeutschen Gedicht: am dritten Tag »der Stab hub an zu grünen« und »der Bapst schicket aus in alle Land, wo der Danheuser wer hin kumen . . .«

An diesem Tag weilt *Danheuser* bereits wieder im Land der Liebe und erfährt nichts mehr vom Wunder, das seine Rettung bedeutete. Von Rettung und Erlösung steht nichts im mittelalterlichen Lied, das ist *Wagnersches* Gedankengut. Das Lied bedauert das auch nicht weiter, es stellt nur fest, daß Danheuser damit »dem Papst für immer verloren« gewesen sei. Von seiner »Verdammung«, von seinem »ewigen Seelenheil« ist keine Rede. Das aber gerade ist es, was *Wagners* gedankentiefes Werk am meisten beschäftigt. Bei *Wagner* wird Tannhäuser zuletzt erlöst. Und das kann – wie es schon im »Fliegenden Holländer« der Fall war – nur durch die Liebe geschehen. Nicht durch die Sinnenlust, die Tannhäuser in den Armen der Göttin Venus genossen, sondern durch die tiefe, seelische Liebe, die eine andere Frau für ihn empfindet, eine Frau, die bereit ist, ihr Leben für seine Rettung zu opfern.

Zu einer kleinen Betrachtung gibt das mittelalterliche Lied Anlaß. Das Wunder tritt »am dritten Tage« ein (es liegt hier sicher eine Ideenverbindung oder Anspielung auf Christi Tod und Auferstehung vor), aber Tannhäuser erfährt nichts mehr davon, er hat bereits die geheimnisvolle Pforte zum Reich der Liebe, zum Venusberg durchschritten (der übrigens ursprünglich ein »Sibyllenberg« gewesen sein soll). Also kann dieser nicht weit von Rom entfernt gedacht sein, denn in drei Tagen kann der Pilger schwer von dort bis über die Alpen hinaus gelangt sein, wie *Wagner* es dann darstellt. Wahrscheinlich hat fast jedes Volk in jener Zeit eine Sage gekannt, in der von einem Land des Genusses und der Sinnlichkeit die Rede war.

*Wagner* übernahm aus zahlreichen Quellen Elemente zu seiner »Tannhäuser«-Dichtung. Aber die Art, wie er sie zusammensetzte, stempelt das Werk zu seiner ureigensten Schöpfung. Das Wunder, das im alten Lied nur erwähnt wird und ohne Folgen bleibt, gestaltet sich bei ihm zum tiefsten Sinn des gesamten Dramas. Dazu mußte *Wagner* eine Gestalt finden, erfinden, die er zur großen Gegenspielerin der Venus machen konnte, zur Vertreterin der geistigen, seelischen Liebe und der letzten, höchsten Aufopferung. Und so schuf er die Figur der Elisabeth.

Um Venus, der legendären Sagengestalt, der heidnischen Liebesgöttin, und ihrem Zauberreich im Innern eines Berges voll schwülen Düften und geheimnisvollen Lichtern eine Gegengestalt geben zu können, genügte Wagner die »Nichte des Landgrafen« nicht. Er nahm zwar deren Wirkungskreis, die Wartburg, um sie dem »Hörselberg« entgegenzuhalten, er ließ den aus Venus' Armen fliehenden Minnesänger Tannhäuser in der reinen, klaren Luft der mittelalterlichen Burg den anderen Pol der Liebe kennenlernen, aber er mußte Elisabeth zur Heiligen erheben. Ihre seelische Kraft mußte es sein, die das rettende Wunder schuf. Und wieder verband *Wagner*, verknüpfte an sich fremde Dinge so überzeugend, daß sie zur Einheit gerieten. Gab es nicht eine Heilige im Thüringerland? Es gab sie, und er fand sie: Elisabeth. Und *Wagner* machte aus seiner Elisabeth des Tannhäuser-Dramas und der *heiligen Elisabeth* der Kirche eine und dieselbe Figur.

Über die *heilige Elisabeth* unterrichtet uns das katholische Meßbuch: »Die kurze Lebenszeit der heiligen Elisabeth ist reich gefüllt mit Werken der Wohltätigkeit und mit Leiden. Als Landgräfin von Thüringen übte sie gegen Arme und Bresthafte unermüdliche Barmherzigkeit. Nach dem frühen Tod ihres Gatten verließ sie Burg und Besitz und diente von nun an Gott in aller Armut und Niedrigkeit. Sie starb, erst 24 Jahre alt, am 17. November 1231, sehr bald in allen deutschen Gauen als Heilige verehrt.«

Zu ihrem Andenken hat die Kirche den 19. November zum »Tag der heiligen Elisabeth« erklärt. In diesem kurzen Lebensabriß wird nicht erwähnt, daß sie eine ungarische Fürstin war. Mag dies auch für ihre moralische Beurteilung unwichtig sein, so erklärt es dem Musikliebhaber doch, warum *Franz Liszt* – Anführer der »neudeutsch« genannten Richtung der romantischen Musik sowie enger Vertrauter, später sogar Schwiegervater *Richard Wagners* – die *heilige Elisabeth* zur Hauptgestalt eines nach ihr benannten Oratoriums machte: Es war eine doppelte Huldigung des gläubigen, mit den kleinen Priesterweihen versehenen Tonkünstlers und des in einem Winkel seines Herzens trotz allen Weltbürgertums immer noch magyarisch empfindenden Ungarn ...

*Wagner* vollzieht also, in völliger Willkür wie immer, aber mit starkem künstlerischem und dramatischem Impuls eine Identifikation, die chronologisch gar nicht möglich ist. Im großen Festsaal der Wartburg befindet sich ein großes auf die Wand gemaltes Gemälde von *Moritz von Schwind*, dem bedeutenden romantischen Maler und *Schubert*-Intimus ihrer beider Jugend in Wien. Es stellt den »Sängerkrieg auf der Wartburg« dar und vermerkt sogar dessen vermeintliches Datum: 7. Juli 1207. Diese zeitliche Angabe ließe das – bei *Wagner* wichtige – Erscheinen der größten damaligen deutschen Minnesänger, *Walther von der Vogelweide* und *Wolfram von Eschenbach,* bei diesem Ereignis möglich machen (der erstere starb 1230, der zweite 1220), nicht aber jenes *Tannhäusers* und der *heiligen Elisabeth. Tannhäuser* wurde um 1200 geboren, *Elisabeth* etwa 1207. Daß *Wagner* aus dem jungen Mädchen, das eben erst in inniger Liebe zu Tannhäuser zum Leben erblüht, die heilige Elisabeth macht, die, wie wir hören, Witwe war und fern allen Festen, ihrem Schloß und Besitz nur den Werken der Wohltätigkeit hingegeben starb, zeigt uns *Wagner* wiederum als frei schaltenden Gestalter, dem seine Opernfiguren nicht historische Gestalten bedeuten, sondern Symbole menschlicher Eigenschaften und Schicksale. Das ändert sich auch kaum durch eine Verlegung des von *Schwind* angegebenen Datums um ein bis zwei Jahrzehnte weiter in das dreizehnte Jahrhundert hinein. *Wagner* will Elisabeth als Retterin Tannhäusers – zuerst im Sängerkampf, als sie sich den drohend gegen ihn gezückten Schwertern in den Weg wirft, danach durch ihren Opfertod, der sie zur Erlöserin wandelt – wahrhaft zur Heiligen machen, als die auch die Kirche sie anerkennt, obgleich diese nichts davon weiß, daß ihr Tod der Erlösung eines Sünders gegolten habe. *Wagner* läßt keinen Zweifel daran, daß hier Elisabeth im höchsten Auftrag Gottes handelt, denn ihr Opfertod ist es, der das Wunder des ergrünenden päpstlichen Stabs hervorbringt. Daß hier letzten Endes Gott seinen irdischen Stellvertreter gewissermaßen des-

Wolfram von Eschenbach,
Abbildung aus der »Manessischen Handschrift«.

avouiert, ist von den Betrachtern merkwürdigerweise übersehen worden; vor allem von denen, die *Wagner* nach Bekanntwerden des »Tannhäuser« einen »Pakt mit der katholischen Kirche«, ja eine Bestechung durch diese andichteten ...
Daß hier ein Stoff für romantische Künstler vorlag, ist verständlich. »Tannhäuser« und der nachfolgende »Lohengrin« wurden zu *Wagners* romantischsten Opern. Das Thema des Tannhäuser reizte viele Künstler des romantischen, des 19. Jahrhunderts zur Gestaltung. *Friedrich de la Motte Fouqué* ebenso wie *Joseph von Eichendorff*, den Verfasser des »Taugenichts«, der zahlreiche Komponisten mit seinen Gedanken anregte. Unter diesen dachte *Carl Maria von Weber*, der »Freischütz«-Schöpfer, an eine Oper mit diesem Sujet. Aber erst *Wagner* ging wirklich an ein solches Werk, wobei sich die Quellen, so verschieden sie sein mochten und wie unterschiedlich sie ihn beeindrucken konnten, zu einem ganz neuen Ganzen formten. Die Oper, die seiner Phantasie entstieg, weist nur noch äußerliche Zusammenhänge mit allen den vielen früheren Gestaltungen der Venusberg-Sage und der Chroniken eines Sängertreffens auf der Wartburg auf. Mittelpunkt und Schluß sind völlig von ihm gestaltet worden: der Sängerkrieg, von dem er nur die äußere Erscheinung lieh, dem er aber mit dem Thema der Liebe den entscheidenden Inhalt gab, und Tannhäusers Erlösung im Tode durch die reine, alles Irdische überwindende Liebe einer Frau. Erst der immer hitziger werdende Wettstreit über den wahren Sinn und die weltbewegende Bedeutung der Liebe in allen ihren Spielarten verleiht dem Treffen der Minnesänger die Spannung, die der historische Wettstreit, wenn es ihn je gegeben hat, niemals hatte erreichen können. Und die erschütternde Tatsache, daß Tannhäuser in diesem Kampf mit Worten, von der Vision der Liebesgöttin und der Erinnerung an ihre Liebe zur höchsten Leidenschaft entfacht, das Herz jener Frau tödlich verwundet, die ihm ihr stilles, junges Leben geweiht, macht *Wagners* Textbuch zum echten Drama und zur Tragödie, die zwar von der milden Verklärung der Erlösung umflossen, aber darum nicht schmerzloser gemacht wird.
Daß *Wagner* den Text wiederum selbst schreiben würde, daran konnte nach vier in dieser Art fertiggestellten Opern kein Zweifel mehr bestehen: So waren »Die Feen« und »Das Liebesverbot« entstanden, zwei Jugendwerke, die sich nie ins Repertoire

der Theater spielen konnten, »Rienzi« und »Der Fliegende Holländer«. Die Doppelbegabung, von den meisten Opernschöpfern nur ersehnt und oft bitter vermißt, war ihm in die Wiege gelegt worden: Dichter und Komponist gleichzeitig zu sein. Er empfand sie übrigens tatsächlich als Doppelfähigkeit, deren beide Elemente untrennbar verbunden waren. Gerade in der Zeit seiner Arbeit an »Tannhäuser« schreibt er, am 30. Januar 1844, an den ihm befreundeten Musikkritiker *Carl Gaillard* in Berlin: ». . . Ich bilde mir auf meinen Dichterberuf wahrlich nichts ein und gestehe, daß ich nur aus Notdurft, weil mir keine guten Texte geboten wurden, dazu griff, mir diese selbst zu dichten. Jetzt aber würde es mir ganz unmöglich sein, ein fremdes Opernbuch zu komponieren, und zwar aus folgendem Grunde: Es ist bei mir nicht der Fall, daß ich irgendeinen beliebigen Stoff wähle, ihn in Verse bringe und dann darüber nachdenke, wie ich auch eine passende Musik dazu machen wolle. Bei dieser Art des Verfahrens würde ich allerdings dem Übelstande ausgesetzt sein, mich zweimal begeistern zu sollen, was unmöglich ist. Die Art meiner Produktion ist anders: Zunächst kann mich kein anderer Stoff anziehen, als nur ein solcher, der sich mir nicht nur in seiner dichterischen, sondern auch in seiner musikalischen Bedeutung zugleich darstellt. Ehe ich daran gehe, einen Vers zu machen, ja, eine Szene zu entwerfen, bin ich bereits in dem musikalischen Dufte meiner Schöpfung berauscht; ich habe alle Töne, alle charakteristischen Motive im Kopfe, so daß, wenn dann die Verse fertig und die Szenen geordnet sind, für mich die eigentliche Oper ebenfalls schon fertig ist, und die detaillierte musikalische Behandlung mehr eine ruhige und besonnene Nacharbeit ist, der das Moment des eigentlichen Produzierens bereits vorangegangen ist. Dazu müssen aber allerdings nur Stoffe gewählt werden, die keiner Behandlung als nur der musikalischen fähig sind. Nie würde ich einen Stoff wählen, der von einem geschickten Theaterdichter ebensogut zum rezitierenden Drama benutzt werden könnte. Als Musiker kann ich aber Stoffe wählen, Situationen und Kontraste erfinden, die dem dramatischen Dichter für das Schauspiel stets fremd bleiben müssen. Hier dürfte also auch der Punkt sein, wo Oper und Drama sich vollkommen scheiden, und beide nebeneinander ruhig ihre Richtung verfolgen können. Wenn es die heutige Aufgabe des Dichters ist, die materiellen Interessen unserer Zeit vom moralischen Standpunkt aus zu läutern und zu vergeistigen, so ist es dem Operndichter und -komponisten überlassen, die ganze heilige Poesie, wie sie uns aus den Sagen und Geschichten anweht, in dem ganz ihr eigenen Dufte hervorzuzaubern; denn die Musik bietet hier das Mittel zu Kombinationen, wie sie dem Dichter allein, zumal unseren Schauspielern gegenüber, nicht zu Gebote stehen. Dies ist der Weg, die Oper zugleich auf einen höheren Standpunkt zu erheben, den wir dadurch erniedrigen, daß wir dem Komponisten zumuten, Alltäglichkeiten, Intrigen usw. seinen Eingebungen zugrunde zu legen, welche dem modernen Lust- oder Schauspieldichter ohne Musik darzustellen weit besser gelingt. Zu meiner nächsten Oper habe ich die schöne und so eigentümliche Sage vom Tannhäuser gewählt, der im Venusberg verweilte und dann zur Buße nach Rom zog. Ich habe die Sage in Verbindung mit dem Sängerkriege auf der Wartburg gebracht, wo Tannhäuser die Stelle des Heinrich von Ofterdingen vertritt. Durch diese Verbindung erhalte ich reiches dramatisches Leben. Bei diesem Stoffe, glaube ich, wird es recht klar werden, daß ihn nur ein Musiker behandeln konnte . . .«

Neben dem starken Interesse, das *Wagners* Schilderung seiner Schaffensweise – wie die jedes bedeutenden Schöpfers – zweifellos beanspruchen kann, könnte in diesem Brieffragment dem Leser vielleicht aufgefallen sein, daß hier zweimal auf ziemlich knappem Raum von »Duft« die Rede ist: vom »musikalischen Duft meiner Schöpfung« und vom »ganz eigenen Dufte der heiligen Poesie«. Redewendungen, die sonst bei Literaten und Komponisten kaum in solchem Zusammenhange vorkommen. Bei *Wagner* jedoch besitzt gerade dieses Wort, dieser Begriff eine ganz eigene und überaus wichtige Bedeutung; er ist, neben Augen- und Ohrenmensch – beides in ungewöhnlichem Maße – »Geruchsmensch«. Er liebt es, beim Schaffen von wohligen Düften umgeben zu sein, ja mit zunehmendem Alter wird dies sogar zur Notwendigkeit. Er muß vom Duft starker, mit Vorliebe exotischer Parfüms in eine Art von Trance versetzt werden, um dichterische und musikalische Höchstleistungen vollbringen zu können, um ganz in die für sein Schaffen unumgängliche Stimmung versetzt zu werden. Er ersucht Freunde und Freundinnen, ihm bestimmte oder auch neuartige, besondere Wohlgerüche aufzuspüren und zu senden.

*Wagners* Quellen nachzugehen ist bei allen seinen Werken eine faszinierende Aufgabe. Denn selten manifestiert sich der künstlerische Umwandlungs-, Umschmelzungsprozeß so vielseitig, so unerwartet und so phantasiereich wie bei ihm. Noch fesselnder allerdings wäre es, wenn wir dem Vorgang bis ins einzelne nachgehen könnten, der von den Quellen bis zum Ende seiner ganz persönlichen Gestaltung führt. Da würde bloßgelegt, wie die überlieferten Bilder und Gestalten schrittweise ihre innersten Züge freigeben und der Dichter und Dramatiker *Wagner* diese dann auf ganz neue, nie geahnte Weise miteinander in Beziehung setzt, verbindet, umgestaltet, wie er ihnen neue, von ihm selbst gefundene Motivierungen gibt, neuen Sinn, neue Symbolkraft. Dies alles aber ist kein Prozeß von Überlegungen, von rationalem Abwägen und Erwägen, sondern von künstlerischer Intuition, von Inspiration und Phantasie; und deren Wege bleiben geheimnisvoll und undurchschaubar. So konnte er (in der früher zitierten »Mitteilung an meine Freunde« von 1851) mit Recht feststellen: »Diese Gestalt entsprang aus meinem Innern«, und das bezog sich zwar im Augenblick auf »Tannhäuser«, behält seine Gültigkeit aber bei nahezu allen wichtigen Rollen seiner Werke. Und er erhärtete diese Aussage dann noch: »Für jetzt berichte ich bloß noch, daß ich auch in der Wahl des Tannhäuser-Stoffes gänzlich ohne Reflexion verfuhr und bestätige somit nur die Erscheinung, daß ich ohne kritisches Bewußtsein, durchaus willkürlich zu meiner Entscheidung mich bestimmt fühlte . . .«

Diese Entwicklung der Tannhäuser-Gestalt im Gefühl und Geiste *Wagners*, diese ihre Verbindung mit dem Sängertreffen (das zu diesem Zwecke eine gänzliche Umgestaltung erfahren mußte, da es ja nun nicht mehr um die Lobpreisungen staatsmännischer Taten, sondern um die ungleich hitzigeren Aussagen über die Liebe ging), muß ein Werdegang von längerer Dauer gewesen sein. Wann begann er? Bei der Lektüre *Heines* in Paris? Da liest *Wagner* von einem Manne namens *Tannhäuser*, der auf geheimnisvolle Art Zugang in das Reich der Venus findet, der dann von der Liebesgöttin Abschied nimmt und nach Rom pilgert. Keineswegs zerknirscht übrigens, sondern beinahe stolz im Gedanken an die Wonnen, die er genossen und die für die meisten seiner Gefährten von einst ein unerfüllbarer und geheimgehaltener Wunschtraum bleiben. Daß unter diesen Umständen an eine Verzeihung des Papstes für eines der schwersten Vergehen, die das Mittelalter kannte, nicht zu denken war, überrascht nicht. Ebensowenig, daß Tannhäuser nur noch den Wunsch verspürt, zurückzukehren in den Zauberberg des nicht endenden Genusses. Bei *Wagner* aber gestaltet sich diese Geschichte, die *Heine* aus der Volkssage übernahm, beinahe völlig um: Tannhäuser bereut zutiefst. Vielleicht nicht so sehr seinen Aufenthalt im Venusberg, aber um so stärker die tödliche Kränkung, die er damit und mit seinem glühenden Erinnern daran im Verlaufe des Sängerkampfes, der reinsten und ihn liebenden Seele Elisabeths zugefügt hat. Auch bei *Wagner* sucht der vom Papst zurückgewiesene Tannhäuser als letzten Ausweg seines Lebens den nochmaligen Zugang in das Zauberland, aber er erreicht es nicht mehr: Elisabeths Opfertod macht es unmöglich. Dieser Opfertod, das Zurückweichen der Venus vor diesem Opfertod besiegelt Tannhäusers Rettung und Erlösung: das Wunder, in den Quellen nur angedeutet, wird hier, als Wagners ureigenste Schöpfung, zum entscheidenden Augenblick des Dramas.

Die Quellen sind Denkanstöße, nicht mehr. Der eigentliche Schaffensprozeß beginnt unbewußt bei ihrer Lektüre durch *Wagner*; er geht durchwegs in seinem Innern vor sich, in jenen ungeheuren Gefilden der Phantasie, die im menschlichen Gehirn kaum mehr als wenige Millimeter für sich in Anspruch nehmen.

Setzt *Wagners* Phantasie rund um den Tannhäuser-Stoff bei der Lektüre *Heines* ein – den er damals gerade in Paris durch Vermittlung des ebenfalls aus Deutschland gekommenen Theatermannes *Heinrich Laube* persönlich kennenlernt –, dann begänne die Vorgeschichte dieser Wagneroper wahrscheinlich im Jahre 1840. In den folgenden beiden Jahren hat er vor allem die Arbeit an »Rienzi« und dem »Fliegenden Holländer« im Kopf. Er beschäftigt sich in wachsender Verbitterung mit dem Broterwerb und seiner steigenden Kritik am hoffnungslos »kommerzialisierten« Musikbetrieb von Paris, dem jede innere Größe oder Berufung abzugehen scheint. Aber immer wieder bringt eine Lektüre ihm neue Elemente zu dem noch gar nicht geplanten Tannhäuser-Drama hinzu: *Lehrs* besorgt die Volksbücher, die davon handeln, sowie den Aufsatz von *Lucas*. In der zwanzig Jahre später erscheinenden Autobio-

graphie »Mein Leben« erinnert *Wagner* sich: »Eine ganz neue Welt war mir hiermit aufgegangen.« Damit meinte er nicht nur jene des sagenhaften *Tannhäuser* und des Minnesängertreffens auf der Wartburg; er bezog sich auf die reiche Schau von Legenden und Mythen aus altdeutscher und nordischer Zeit, die für sein ferneres Schaffen entscheidend werden sollte.
Endlich war der ersehnte Augenblick gekommen. *Wagner* verläßt mit seiner Gattin *Minna*, die sich in den drückendsten Augenblicken des Pariser Exils treu bewährt hat, die französische Hauptstadt in der Richtung nach Osten, nach Deutschland, wo seiner »der sehr baldige Ruhm« wartet, wie er an *Schumann* geschrieben hat: die Uraufführung des »Rienzi« in Dresden, das vor allem durch *Meyerbeer* geweckte und genährte Interesse der Berliner Oper an seinen Werken. Am 7. April 1842 besteigen sie den Reisewagen zur »Heimfahrt«, wie *Wagner* diese Reise in seinem Innern benennt. Wie oft wird er, der immer wieder in die Fremde Geworfene, noch »heimkehren« in den restlichen vierzig Jahren seines Lebens?
Es wurde tatsächlich eine bedeutungsvolle Fahrt. Zuerst kreuzten sie den Rhein, den geschichten- und geschichtsumwobenen Strom, den die Romantik vollends zu einem Symbol deutscher Vergangenheit erhoben hatte. Sie sahen ihn beide zum ersten Mal, denn ihr Weg von Riga nach Westen hatte sie über Ost- und Nordmeer gebracht, ohne vom Rhein mehr als dessen in nebliger Ferne verschwimmende Mündung zu ahnen. Der Augenblick überwältigt *Wagner*: »Zum ersten Male sah ich den Rhein – mit hellen Tränen im Auge schwor ich armer Künstler meinem deutschen Vaterlande ewige Treue . . .«
Die Reise bereitete dem »armen Künstler« (der er in des Wortes engster Bedeutung tatsächlich war, da zu dem Rigaer Schuldenberg, dem er drei Jahre zuvor entflohen war, nun noch eine neue Pariser Schuldenlast getreten war) noch einen weiteren Höhepunkt. In »Mein Leben« schildert er ihn: ». . . Einen wirklichen Lichtblick gewährte mir die Begegnung der Wartburg, an welcher wir in der einzigen sonnenhellen Stunde dieser Reise vorbeifuhren. Der Anblick des Bergschlosses, welches sich, wenn man von Fulda herkommt, längere Zeit bereits sehr vorteilhaft darstellt, regte mich ungemein warm an. Einen seitab von ihr gelegenen fernen Bergrücken stempelte ich sogleich zum ›Hörselberg‹ und konstruierte mir so, in dem Tal da-

hinfahrend, die Szene zum dritten Akt meines ›Tannhäusers‹, wie ich sie seitdem als Bild in mir festhielt und später dem Pariser Dekorationsmaler Dépléchin[1], mit genauer Angabe meines Planes, zur Ausführung anwies. Hatte es mich bereits sehr bedeutungsvoll gemahnt, daß ich jetzt erst, auf der Heimreise von Paris, den sagenhaften deutschen Rhein überschritt, so dünkte es mich eine weissagungsvolle Beziehung, daß ich die so geschicht- und mythenreiche Wartburg eben jetzt zum ersten Mal leibhaftig vor mir sah . . .«

Nach fünf Tagen und fünf Nächten im Reisewagen kommt *Wagner* in Dresden an, dem Zentrum seiner Tätigkeit während der nächsten sieben Jahre. Kurz darauf stattet er in Leipzig seiner Familie und *Robert Schumann* einen Besuch ab. Aber es bahnt sich zu diesem großen Meister kein vertrauensvolles Verhältnis an; einige Jahre später unterstreicht der Riß durch die deutsche musikalische Romantik dieses innerliche Fremdsein: *Mendelssohn* und *Schumann* auf der einen, *Liszt* und *Wagner* auf der anderen Seite des Grabens, über den es nur schmale Brücken gibt.

Am 9. Juni 1842 nimmt *Wagner* sich einen Sommerurlaub und fährt mit seiner Mutter und *Minna* in das am Fuße des Erzgebirges gelegene Teplitz-Schönau. Sie nehmen im Haus »Zur Eiche« Quartier. Es sind gerade dreißig Sommer vergangen, seit im gleichen Ort zwei überragende Genies der deutschen Kulturszene zusammengetroffen waren, ohne einander näherzukommen: *Goethe* und *Beethoven.*

Bei einem Ausflug auf den Schreckenstein nahe dem benachbarten Städtchen Aussig beginnt *Wagner*, die neue Oper zu skizzieren, die er »Der Venusberg« betitelt, bis er diesen Namen später, auf Rat von Freunden, in »Tannhäuser« umändern wird. Der folgende Winter bringt *Wagner* den vollständigen, von ihm vorausgesehenen Umschwung seines Lebens. Am 20. Oktober 1842 geht »Rienzi« unter stürmischem Jubel erstmals über die Bühne des Dresdener Hoftheaters. In der »Hosenrolle« des Adriano beweist die geniale dramatische Sängerin *Wilhelmine Schröder-Devrient* (*Beethovens* großartigster »Fidelio«) nicht nur ihre Gestaltungskraft, sondern auch ihre Bewunderung *Wagners.* Wenig mehr als zwei Monate später,

[1] Richtiger: *Desplèchin*, der Ausstatter der Pariser Aufführung von 1861.

am 2. Januar 1843, erfolgt die Uraufführung des »Fliegenden Holländers« an gleicher Stätte, wenn auch nicht mit gleichem Erfolg. Form und Musik des neuen Werkes bleiben dem Publikum fremd, und nur die Leistung der *Schröder-Devrient* in der Rolle der Senta rettet einen »Achtungserfolg«.

Genau einen Monat später, am 2. Februar 1843, wird *Wagner* zum Königlich Sächsischen Hofkapellmeister ernannt. Die Zeit der Not und Kämpfe scheint endgültig hinter ihm zu liegen. War selbst die Urlaubsreise des vorangegangenen Sommers noch mit geborgtem Geld erfolgt, so schien nun der gerade Weg zur Gesundung der materiellen Lage, zur allmählichen Abzahlung alter Schulden offenzuliegen. Doch die Ruhe in *Wagners* Leben sollte nur ein knappes Jahrfünft anhalten. Sie brachte ihm die beiden großen romantischen Opern »Tannhäuser« und »Lohengrin«, bevor sie mit wachsender Gegnerschaft innerhalb des Bühnenbetriebs und seiner Beteiligung an den über ganz Europa hinwegbrausenden Revolutionswirren von 1848/49 ein jähes Ende fand: wieder eine Flucht, wieder ein Exil, wieder die Not und Enge der wirtschaftlichen Ungewißheit, – aber das liegt bereits hinter dem »Tannhäuser«, mit dem wir uns hier zu befassen haben.

Dessen Textbuch hatte *Wagner*, wie er selbst angibt, an seinem 30. Geburtstag vollendet, also am 22. Mai 1843. Da dürften zumindest zwei der musikalischen Hauptmotive bereits in ihm festgestanden und lebendig gewesen sein: die sinnlichen Klänge des Venusbergs und die weihevoll getragene Melodik des Pilgerchors. Im Sommer geht *Wagner* mit seiner Familie abermals in die Bäder von Teplitz, die dieses Mal nicht nur die Mutter und *Minna* nehmen, sondern auch er selbst. Er erinnert sich (in »Mein Leben«): »... Ich selbst benutze diese Zeit zum Genuß eines Mineralwassers, durch welches ich auf meine seit dem Pariser Leben oft mich störenden Unterleibsbeschwerden günstig zu wirken hoffte. Leider verspürte ich von dieser Kur das Gegenteil; und als ich über die entstandene, peinigende Aufgeregtheit mich beklagte, erfuhr ich allerdings, daß ich nicht zum Gebrauch einer Brunnenkur gemacht war: man hatte mich nämlich auf meinen Morgenpromenaden, während ich mein Wasser trank, im ungestümsten Gang durch die Laubwege des nahe gelegenen Thurnischen Gartens dahinjagend beobachtet und gab mir zu verstehen, daß solch eine Kur nur bei gemächlichster Ruhe und behaglichstem Schlendern gedeihlich wirken könnte. Außerdem bemerkte man, daß ich immer ein ziemlich starkes Buch mit mir herumtrug, mit welchem ich an einsamen Orten neben der Mineralwasserflasche ausruhte. Dies war J. Grimms ›Deutsche Mythologie‹. Wer dieses Werk kennt, kann begreifen, wie sein ungemein reicher, von jeder Seite her angehäufter und fast nur für den Forscher berechneter Inhalt auf mich, der ich überall nach bestimmten, deutlich sich ausdrückenden Gestalten verlangte, zunächst aufregend wirkte. Aus den dürftigsten Bruchstücken einer untergegangenen Welt, von welcher fast keine plastisch erkennbaren Denkmale übriggeblieben, fand ich hier einen wirren Bau ausgeführt, der auf den ersten Anblick durchaus nur einem rauhen, von ärmlichem Gestrüpp durchflochtenen Geklüfte glich ... Und doch war ich durch wunderbaren Zauber festgebannt: die dürftigste Überlieferung sprach urheimatlich zu mir, und bald war mein ganzes Empfindungswesen von Vorstellungen eingenommen, welche sich immer deutlicher in mir zur Ahnung des Wiedergewinnes eines längst verlorenen und stets wieder gesuchten Bewußtseins gestalteten. Vor meiner Seele baute sich bald eine Welt von Gestalten auf, welche sich wiederum so unerwartet plastisch und urverwandt kenntlich zeigten, daß ich, als ich sie deutlich vor mir sah und ihre Sprache in mir hörte, endlich nicht begreifen konnte, woher gerade diese fast greifbare Vertrautheit und Sicherheit ihres Gebarens kam. Ich kann den Erfolg hiervon auf meine innere Seelenstimmung nicht anders als mit einer vollständigen Neugeburt bezeichnen und wie wir an den Kindern die berauschende Freude am jugendlich ersten, neuen, blitzschnellen Erkennen mit Rührung bewundern, so strahlte mein eigener Blick vom Entzücken über ein ähnliches, wie durch Wunder mir ankommendes Erkennen einer Welt, in welcher ich bisher nur ahnungsvoll blind wie das Kind im Mutterschoße mich gefühlt hatte. Die Wirkung hiervon kam zunächst meiner Absicht, schon etwas von der Musik des ›Tannhäusers‹ zu entwerfen, nicht sonderlich zustatten; ich hatte mir ein Klavier in die ›Eiche‹ stellen lassen, zerschlug alle Saiten darauf, dennoch wollte nichts Rechtes herauskommen. Mit Mühe und Not entwarf ich die erste Musik des ›Venusberges‹, da ich glücklicherweise schon früher die Hauptmotive davon im Kopfe herumgetragen ...«

Erst viele Seiten später – die mit Erzählungen aus dem Dresdener Opernleben sowie mit persönlichen Begegnungen gefüllt sind – kommt *Wagner* wieder auf sein entstehendes Werk zurück, ohne allerdings Näheres über dessen Komposition auszusagen. Wir erfahren, daß diese »in verzehrend üppiger Erregtheit, die Blut und Nerven in fiebernder Wallung erhielt« vor sich ging, – aber auf welche seiner Werke hätte diese Schilderung nicht zugetroffen? *Wagner* befand sich, wie so viele andere Schöpfernaturen, in einem »Ausnahmezustand«, in einer Art nervenzerreißender Trance, wenn »der Geist über ihn kam« (um ein Beethovenwort zu gebrauchen).
Das Jahr 1844 kann als Entstehungsjahr der »Tannhäuser«-Musik angesehen werden. Schon im Januar vollendet er die Orchesterskizze zum 1. Akt, im September und Anfang Oktober beendet er, in den Weinbergen von Loschwitz, den 2. Akt, und am 29. Dezember schließt er mit dem dritten das Werk ab. Ein knappes Jahr hatte *Wagner* genügt, um die umfangreiche Musik zu »Tannhäuser« zu schaffen. Und dies, obwohl zahlreiche äußere Verpflichtungen den Schaffensprozeß immer wieder unterbrachen. Er dirigierte an der Oper, und er bewerkstelligte eine der bedeutenden, unwidersprochenen Taten seines Lebens: die Überführung der Reste des von ihm hoch verehrten »Gründers der deutschen Oper«, *Carl Maria von Weber,* aus London, wo dieser jung – an Schwindsucht – während der ersten erfolgreichen Aufführungen seines »Oberon« gestorben war, nach Dresden, wo er sein Heim gehabt hat und Vorläufer *Wagners* gewesen ist. Eine große Trauergemeinde hörte die bedeutungsvolle Rede *Wagners*, dem in diesem Augenblick wie kaum je vorher und nachher die Sympathien des gesamten deutschen Musiklebens gehörten.
Ob *Wagner* die Komposition des »Tannhäuser« tatsächlich »der Reihe nach« vornahm oder gewisse Schwerpunkte setzte, bevor er die Verbindung zwischen diesen schuf, ist zu wenig bekannt. Noch ist keine *Cosima* in seinem Leben, die später Abend für Abend genau Tagebuch führte über jedes Wort, das er sprach, jede Note, die er komponierte, ja jeden Gedanken, den sie hinter seiner geliebten und bewunderten Stirne ablesen zu können meinte . . . Sicher ist, daß neben den vorher erwähnten Bruchstücken auch die Hirtenweise in seiner Phantasie schon frühzeitig feststand, jene liebliche, von der Schalmei be-

gleitete Weise, die im Hörer eine wohlige Frühlingsstimmung hervorruft und so auch Tannhäuser, der eben aus den Armen der Venus flüchtete, mit jenem Gefühl umgibt, nach dem er sich in der Tag- und Nachtlosigkeit, im immer gleichen Jahresablauf im Innern des Zauberberges am tiefsten gesehnt hat: das Aufblühen der Natur zu erleben nach langem Winterschlaf. In der Freude über diese Melodie dürfte es *Wagner* gar nicht zum Bewußtsein gekommen sein, daß die Worte des jungen, naturverbundenen Hirten an »Frau Holda« gerichtet sind, eine germanische Zwillingsschwester der Venus, ja laut vielen Ansichten keine andere als diese selbst . . .

Dann folgte in den ersten Monaten des anbrechenden Jahres 1845 jene Arbeit, die für *Wagner* immer wieder zum Genuß werden sollte: die Instrumentation, also die Verfertigung der Orchesterpartitur nach den fertigen Kompositionsskizzen. Daß die Zuteilung der spezifischen Aufgaben an jedes Instrument sowie die Auffindung immer neuer Klangkombinationen einem Meister des Orchesters wie *Wagner* stets Freude, ja freudige Erregung bedeuten mußte, versteht sich von selbst. Galt es ihm wie seinen romantischen Zeitgenossen doch, neue Klangfarben zu finden und sie als viertes Element neben die drei seit Jahrhunderten bestehenden – Melodie, Harmonie, Rhythmus – in den Reichtum des musikalischen Werkes einzubeziehen.

*Wagner* berichtet: ». . . Unter diesen teils nach außen lenkenden Zerstreuungen, teils nach innen wirkenden Erlebnissen verbrachte ich den Winter 1844/45; es gelang mir durch äußersten Fleiß und durch Benutzung der frühesten Morgenstunden selbst im Winter, die bereits am Ende des vergangenen Jahres beendigte Komposition des ›Tannhäusers‹ bis im April auch schon in der Partitur auszuführen. Für die Niederschrift der Instrumentation hatte ich mir eine besondere Schwierigkeit dadurch bereitet, daß ich diese zum Zwecke der Autographierung sogleich auf das hierzu nötige besonders präparierte Papier mit all der hierzu erforderlichen Umständlichkeit ausführte. Ich ließ jede Seite sofort auf Stein abdrucken und in 100 Exemplaren abziehen in der Hoffnung, von diesen Exemplaren einen zweckmäßigen Gebrauch für die schnelle Verbreitung meines Werkes machen zu können. Mochte diese Hoffnung nun in Erfüllung gehen oder nicht, jedenfalls war ich jetzt um 500 Taler, welche die Herstellung dieser Exemplare kostete, ärmer . . .«

Die neue Oper war, fast automatisch, vom Intendant des Dresdener Hoftheaters, Herrn *von Lüttichau*, angenommen worden. Die Monate vom Frühjahr bis zum Herbst des Jahres 1845 vergehen mit den Vorbereitungen der Premiere. Die Bühne genehmigte, wie *Wagner* in der Erinnerung festhält, »alle meine Wünsche, namentlich auch die Anfertigung schöner und charakteristischer mittelalterlicher Kostüme . . . Nur die Bestellung der Sängerhalle[1] auf der Wartburg verzögerte Herr von Lüttichau immer von neuem, weil er behauptete, der vor kurzem von den französischen Malern für ›Oberon‹[2] gelieferte Saal Kaiser Karls des Großen könne mir recht gut auch für meinen Zweck genügen. Es kostete mich übermenschliche Anstrengung, meinem Chef zu beweisen, daß es hier nicht um einen glänzenden Kaisersaal zu tun sei, sondern um ein szenisches Bild von genau mir ins Auge gefaßter Eigentümlichkeit, welches nur nach meinen Angaben ins Leben zu rufen sei. Da ich endlich sehr gereizt und unmutig mich erwies, beruhigte er mich und sagte, er habe gewiß nichts gegen die Anfertigung auch dieser Halle und wolle sie sofort bestellen, nur hätte er geglaubt, meine Freude auch hierüber zu vergrößern, wenn er es mir etwas schwerer machte, weil, was man sogleich gewährt erhielt, für nichts geachtet würde. Diese Sängerhalle sollte mir noch große Nöte machen. Immerhin war nun alles vortrefflich im Gange; alle Gunst der vorhandenen Umstände vereinigte sich in einem Brennpunkte, welcher auf die für die Eröffnung der Herbstsaison vorbereitete Aufführung meines neuen Werkes ein hoffnungerweckendes Licht warf. Auch war die Spannung darauf nicht gering; zum ersten Male las ich in einer Korrespondenz der ›Allgemeinen Zeitung‹ mit bedeutungsvoller Geneigtheit mich erwähnt, als von der Erwartung gesprochen wurde, mit welcher man meinem neuen Werke entgegensah, dessen Dichtung ›mit unverkennbarem poetischem Verstand‹ verfaßt sei. So den besten Hoffnungen mich hingebend, trat ich im Juli meinen diesjährigen Sommerurlaub mit einer Reise nach Marienbad in Böhmen an . . .«

Diese Hochsommerwochen 1845 sollten für *Wagner* von besonderer Bedeutung werden. Er hatte *Wolfram von Eschen-*

[1] Die Dekoration des 2. Akts.

[2] Die letzte Oper Carl Maria von Webers.

*bachs* Gedichte in sein Gepäck verstaut. Zwar hatte er dessen Gestalt in den soeben fertiggestellten »Tannhäuser« recht bedeutungsvoll eingebaut, aber erst jetzt ging ihm die tiefe Poetik wie die geradezu dokumentarisch genaue Schilderung dieses Minnesängers in ganzer Größe auf. Der warme, sonnige Sommer im Böhmerwald schenkte *Wagner* die Vorahnung dreier großer Werke: manches wies schon bis zum fernen »Parsifal« voraus, anderes brachte unmittelbare Anregungen zu »Lohengrin«. Und als sei dies noch zu wenig, gewannen »aus wenigen Notizen in *Gervinus'*[1] ›Geschichte der deutschen Literatur‹ die Meistersinger von Nürnberg, mit Hans Sachs, ein besonderes Leben« für *Wagner.* Drei Werke, die zu den Hauptarbeiten seiner nächsten sechsunddreißig Jahre gehören werden.
Kein Wunder, daß er frohgemut aus diesem »merkwürdigen und für mich immer anregenden Böhmen« nach Dresden zurückkehrte. »So begann denn nun«, lesen wir in »Mein Leben« weiter, »als mit September unsere Sänger alle wieder eingetroffen waren, das Studium des ›Tannhäuser‹, welches mich bald wieder ernst und immer ernster stimmte. Die Proben gediehen bald bis dahin, daß die Ausführung, soweit sie durch musikalische Studien vorzubereiten war, in nahe Aussicht gerückt wurde. Von den besonderen Schwierigkeiten, welche der Darstellung gerade dieses Werkes entgegenstanden, gewann zuerst Frau Schröder-Devrient einen Begriff, und zwar wurden sie ihrem Gefühle und ihrer Einsicht so deutlich, daß sie hierüber sich zu meinem Unbehagen und meiner Beschämung mir mitzuteilen wußte. Vor allem schon das Gedicht gab ihr hierzu die Anleitung: sie las mir bei einem Besuche sehr schön und ergreifend die Hauptstellen des letzten Aktes vor und frug mich, wo ich denn den Kopf hätte zu glauben, daß ein so kindischer Mensch wie Tichatschek[2] die Akzente für diesen Tannhäuser finden könnte. Ich suchte sie und mich auf die Eigenschaft meiner Musik hinzulenken, welche so genau und bestimmt den nötigen Akzent zum Ausdruck bringe, daß ich vermeinen müßte, die Musik spräche für den Darsteller, selbst wenn dieser eben nur ein musikalischer Sänger sei. Sie schüttelte den Kopf und meinte, das möchte sich hören lassen, wenn ich von einem Ora-

[1] Georg Gottfried Gervinus (1805–71), bedeutender Literaturhistoriker, Mitglied der Frankfurter Nationalversammlung.
[2] Der Tenor Josef Tichatschek, der schon Wagners Rienzi gewesen war.

torium spräche. Nun aber sang sie mir nach dem Klavierauszug das Gebet der Elisabeth[1] vor und frug mich, ob ich wohl glaubte, daß diese Noten durch eine junge, hübsche Stimme ohne eigene Seele und alle die Schärfe der unerläßlichen Herzenserfahrungen sich so von selbst singen würden, daß es meiner Absicht entspräche. Ich seufzte und meinte, das Fehlende müßte eben durch die Kindlichkeit und Jugendlichkeit dieser Stimme und Darstellerin sich diesmal ersetzen. Doch bat ich sie sehr, mit meiner Nichte Johanna, welcher die Rolle der Elisabeth zugeteilt war, sich hierüber in ein belehrendes Einvernehmen zu setzen. Leider war aber in dieser wie in keiner Weise für die Lösung der Aufgabe des Tannhäuser zu sorgen, da mein rüstiger Freund Tichatschek durch jeden Versuch einer Belehrung nur irregemacht werden konnte. So mußte ich mich denn ganz allein auf die Energie der Stimme und des diesem Sänger besonders eigenen scharfen Sprachtones verlassen . . . Die Sorge der großen Künstlerin hatte, indem sie sich auf die Leistungen der eigentlichen Hauptrollen bezog, aber auch noch einen besonderen persönlichen Grund: sie wußte nämlich selbst nicht, was mit der Partie der Venus anzufangen, welche sie, trotz ihres sehr geringen Umfanges[2], dennoch gerade der Schwierigkeit und Bedeutung der ideellen Aufgabe wegen und um zum Gelingen des Ganzen beizutragen, übernommen hatte. Von dem nur allzu skizzenhaften Ausfall dieser Partie überzeugte ich mich später so bestimmt, daß ich, als durch die Pariser Aufführung[3] die Bearbeitung meines Werkes mir nochmals nahegerückt wurde, in sehr ausführlicher Weise das Versäumte und von mir innig Vermißte durch eine vollständige Neugestaltung der Partie nachholte[4]. Für jetzt blieb es dabei, daß diese Skizze durch keine Kunst der Darstellerin zu einer der Idee entsprechenden Ausführung gelangen konnte. Höchstens wäre durch eine Berufung an die rein sinnliche Teilnahme des Publikums, durch eine besonders jugendlich schöne Erscheinung, durch das persönliche Vertrauen der Darstellerin auf die Wirkung dieses physischen Hilfsmittels zu irgendwelchem Eindruck zu gelangen gewesen. Das Gefühl davon, daß dieses Wirkungsmittel ihr

[1] Im 3. Akt des »Tannhäuser«.
[2] Der verlangte Stimmumfang (nicht das Stimmvolumen).
[3] 1861.
[4] Wagner schuf insgesamt drei Fassungen vor allem der Rolle der Venus.

jetzt nicht mehr zu Gebote stand[1], lähmte die bereits in das Matronenhafte sich zeichnende große Künstlerin und erhielt sie in der Befangenheit, welche ihr die Anwendung der gewöhnlichen Mittel des Gefallens verwehrte. Mit einem verzweiflungsvollen Lächeln äußerte sie sich einmal über die Schwierigkeit, die Venus darzustellen, welche einfach nur aus der einen Unmöglichkeit entspringe, sie im richtigen Kostüm zu geben: ›Um Gottes willen, was soll ich denn als Venus anziehen? Mit einem bloßen Gürtel geht es doch nicht! Nun wird eine Redouten-Puppe daraus, Sie werden Ihre Freude haben!‹ . . .«

*Wagners* Erinnerungen an die Vorbereitungen zur Premiere des »Tannhäuser« nehmen in dieser und ähnlicher Form viele Seiten seiner Erinnerungen ein. Von den Hauptdarstellern befriedigen ihn eigentlich nur zwei: seine Nichte *Johanna Wagner* (»die jugendliche Erscheinung, die schlanke hohe Gestalt, der entschieden deutsche Stempel ihrer Physiognomie, die damals noch unvergleichlich schöne Stimme, der oft kindlich rührende Ausdruck«) und der Sänger des Wolfram, *Anton Mitterwurzer*, eine echte Entdeckung *Wagners* (»durch die Lösung dieser einen Aufgabe zum vollen Künstler umgeschaffen«). Wesentliche Sorgen bereiteten, neben *Tichatschek* und ein wenig auch Frau *Schröder-Devrient* vor allem die szenischen Lösungen. Wagner erinnert sich:

»Wir waren im Anfang des Oktober bereits so weit in unserem Studium vorgerückt, daß einer sehr baldigen Aufführung nichts mehr entgegenstand als die Beschaffung des theatralisch-dekorativen Teiles derselben. Sehr spät trafen erst einige der in Paris bestellten Dekorationen ein. Von vorzüglicher Wirkung und vollständig gelungen war das Wartburg-Tal. Das Innere des Venusbergs machte mir dagegen viel zu schaffen: der Maler hatte mich nicht verstanden, Bosketts[2] mit Statuen, wie sie selbst an Versailles erinnerten, in einer wilden Berghöhle angebracht und jedenfalls nicht gewußt, wie er den Charakter des Grauenhaften mit dem Verlockenden in Einklang bringen sollte. Ich mußte auf große Änderungen dringen, namentlich auf das Übermalen der Bosketts und Statuen, was Zeit kostete. Die Verhüllung dieser Grotte in den rosigen Nebel, aus welchem schließlich das Wartburg-Tal hervorbricht, mußte ganz neu

[1] Frau Schröder-Devrient stand im 41. Lebensjahr.
[2] Gebüschpflanzung, Zierhecke, Wäldchen.

Wilhelmine Schröder-Devrient, Beethovens bester Fidelio, war Wagners Lieblingssängerin: Adriano in »Rienzi«, Senta im »Fliegenden Holländer«, und nun, schon mit etwas weniger guter Stimme, Venus in »Tannhäuser«.

nach einer besonderen Erfindung, welche ich hierfür anzugeben hatte, zur Ausführung gebracht werden. Die Hauptkalamität ergab sich aber aus der Verzögerung der Ankunft der Dekoration der Sängerhalle; auf das leichtfertigste von Paris aus hingehalten, verging Tag auf Tag, während im übrigen alles bis zur Generalprobe in fast ermüdender Weise durchprobiert war. Täglich wanderte ich nach dem Eisenbahnhof, durchstöberte alle Ballen und Kisten: keine Sängerhalle kam. Endlich ließ ich mich bestimmen, um die längst angekündigte erste Aufführung nicht weiter zu verzögern, den von Lüttichau anfänglich mir bestimmten Saal Karls des Großen aus ›Oberon‹ für die Sängerhalle zu substituieren, was mich, der ich in allem auf bestimmte poetische Wirkung ausging, ein empfindliches Opfer kostete. Wirklich trug die Wiedererscheinung dieses bereits in vielen Aufführungen des ›Oberon‹ zur Genüge produzierten Kaisersaals beim Aufrollen des Vorhanges im zweiten Akt nicht wenig zu den Enttäuschungen des Publikums bei, welches von dieser Oper in jedem Betreff die erstaunlichsten Überraschungen erwartete . . .«

Damit sind wir beim Abend der Uraufführung angelangt; es war der 19. Oktober 1845. *Wagner* dirigierte, die Titelpartie sang *Josef Tichatschek*, der Heldentenor der Dresdener Hofoper, die Elisabeth *Johanna Wagner*, die Venus *Wilhelmine Schröder-Devrient*, den Wolfram von Eschenbach *Anton Mitterwurzer*. Von einem einmütigen Erfolg konnte kaum die Rede sein, aber das ungute Gefühl eines Mißlingens stellte sich erst in den nächsten Tagen ein, als die zweite Aufführung, für den folgenden Abend angesetzt, wegen der Erkrankung *Tichatscheks* um eine Woche verschoben werden mußte. Das hatte zwar den Vorteil, daß sie mit der inzwischen eingetroffenen Sängerhalle gespielt werden konnte, aber den schwerwiegenden Nachteil, daß sich nun die fast durchwegs negativen Kritiken voll auswirken konnten. Sie hielten manchen Opernfreund davon ab, die Vorstellung zu besuchen und sich selbst ein Urteil zu bilden. So fand diese vor einem arg gelichteten Hause statt. *Wagner* hatte die ihm entsetzlich lang scheinende Woche in größter Unruhe zugebracht, wovon selbst die achtzehn Jahre später diktierten Erinnerungen ein deutliches Bild geben. Sollte er *Tichatschek*, dessen geringer Geistigkeit er eine Hauptschuld an der kühlen, unverständigen Aufnahme des Werkes zumaß, durch nachträgliche Belehrungen noch mehr belasten und verunsichern? Er wollte sich bemühen, jene Szenen besonders hervorzuheben, denen eine gewisse volkstümliche Melodik innewohnte:

Abbildung S. 190/191: Die erste, von Wagners Manuskript auf Stein gedruckte Partitur zu »Tannhäuser oder der Sängerkrieg auf Wartburg« ist nur in wenigen Exemplaren erhalten. ▷

No 5
Allegro. 𝅗𝅥 = 88.
2 gr. Flöten
2 Hoboen.
2 Clarinetten in C.
2 Fagotte
2 Ventilhörner in F.
2 Waldhörner in D.
Pauken in D u. G
Erste Violine
Zweite Violine.
Bratsche.
Elisabeth.
Violoncell.
Contrabaß.
p. cres
Allegro 𝅗𝅥 = 88.
Einleitu

Act
erste Scene
abeth.
201
cres
p
p. cres

den Pilgerchor, Tannhäusers Hymne an Venus, die Hirtenweise, den Einzug der Gäste auf die Wartburg, Elisabeths freudigen Gruß an die Sängerhalle, Wolframs Lied an den Abendstern. Tatsächlich erfocht die zweite Vorstellung einen einmütigeren Erfolg als die Premiere. Gewiß, es herrschte nicht jener Jubel, der »Rienzi« begrüßt hatte, aber Wagner war sich voll bewußt, daß er seit damals einen neuen Weg beschritten hatte, auf dem das breite Publikum ihm wohl nicht so leicht folgen konnte. Doch war er sich auch in großer Aufrichtigkeit bewußt, diesen seinen neuen Stil noch nicht restlos zu beherrschen. Die Mängel, die er an sich selbst entdeckte, waren eher dramatischer als musikalischer Art. Und er wird, sobald die ersten Aufführungen vorbei sind, an eine Umarbeitung des Schlusses gehen, in dem ihm die schlimmsten Mängel zu liegen scheinen.
Trotzdem brachte die zweite Aufführung einen gewissen Wandel in der Publikumsgunst zustande, allerdings mit der Nachhilfe einer von *Wagners* Freunden organisierten kleinen »Claque«, die an diesem Abend nach geeignet scheinenden Szenen, dem Brauch der damaligen Oper entsprechend, in Applaus und Begeisterungsrufe ausbrach. So im dritten Akt nach Wolframs Worten »Ein Engel fleht für dich an Gottes Thron, er wird erhört: Heinrich, du bist erlöst!«; es gelang, das Publikum in seiner Mehrheit mitzureißen.
Wenige Tage darauf kam es zur dritten Vorstellung, die ein volles Haus brachte. »Tannhäuser« war, wie Intendant *Lüttichau* es ausdrückte, »glücklich durchgebracht«. *Wagner* allerdings analysierte weiter; er glaubte feststellen zu können, daß er noch nicht das »eigentliche große Opernpublikum, sondern nur den gebildeteren Teil des allgemeinen Publikums« für sein Werk gewonnen habe. »Der Anteil des auf diese Weise ganz neu sich bildenden Publikums«, so fährt er fort, »gewann fortwährend an Intensität und äußerte sich in bisher ungekannter Weise vorzüglich in einer energischen Teilnahme für den Autor«, dessen Name nun nach allen Vorstellungen immer lauter und begeisterter gerufen wurde. Es erwies sich, wohl zum ersten Mal, daß die äußerlich so unscheinbare Gestalt *Wagners* dazu bestimmt zu sein schien, kämpferisches, lautstarkes Gefühl zu wecken, ja Begeisterung und sogar Fanatismus auslösender Mittelpunkt von Gruppen und Bewegungen zu werden. Die Beobachtung, die er selbst an die »neue« Zusammensetzung seines Publi-

kums wendet, sieht sich bald von Freund und Feind bestätigt: Die Massen, die ihm zuströmen, sind nicht die »üblichen« Opernfreunde, nicht die Anhänger des Belcanto, die *Rossinis, Donizettis, Bellinis* Werken zuströmen, nicht die *Meyerbeer*-Freunde, deren Herz bei der »grande opéra« höher schlägt. Rund um ihn bildet sich tatsächlich ein »neues« Publikum, eine Schicht von »Wagnerianern«, die oftmals Gruppen ganz eigener Prägung darstellen und in den Anfangszeiten nicht selten etwas von Missionaren an sich haben.

Der »Kampf um Wagner« begann zu jener Zeit, unbemerkt noch, ja unbewußt. Wenige Jahre später wird er offen ausbrechen. Bekanntlich ist kaum je ein großer Meister so hart angepackt worden wie *Wagner*. Die Presse war ihm überwiegend schlecht gesonnen. Zu seinen Widersachern gehörten oftmals auch Fachleute, die sich um die Zukunft der Tonkunst Sorgen machten. *Eduard Hanslick*, der bekannteste unter *Wagners* Feinden, zählte zu Zeiten des »Tannhäuser« noch zu seinen Anhängern. Umgekehrt wandelte sich die Auffassung *Schumanns* von Ablehnung zu Anerkennung; nach dem Studium des Klavierauszugs schrieb er am 22. Oktober 1845 seinem Freunde *Mendelssohn*: »Da hat Wagner wieder eine Oper fertig ... er kann wahrhaftig nicht vier Takte schön, kaum gut hintereinander weg schreiben und denken ...« Dann besuchte *Schumann* eine der frühen Dresdener Aufführungen und korrigierte sein Urteil, obwohl in diesen kaum mehr als ein Bruchteil der Wagnerschen Ideen und Absichten zum Ausdruck kam: »... ich muß manches zurücknehmen ... von der Bühne stellt sich alles ganz anders dar. Ich bin ganz ergriffen gewesen ...« Nicht viele Fachleute haben solchen Mut zum Eingeständnis eines Fehlurteils.

Die um ihn wachsenden Kämpfe und Meinungsverschiedenheiten bewogen *Wagner*, sich immer mehr auf sich selbst und den Kreis »Getreuer« zurückzuziehen, die ihn umgaben: »Von nun an hörte unsere ganze moderne Kunstöffentlichkeit immer grundsätzlicher auf, für mich zu existieren«, notiert er. Er war zum Einzelgänger bestimmt oder verdammt. Und als solcher gab es für ihn nur zwei Möglichkeiten: den vollständigen Sieg oder den vollständigen Untergang. Das Schicksal wird sich dann später für den vollständigen Sieg entscheiden. Doch bis dahin hat es noch gute – oder schlechte – Weile.

»Tannhäuser« setzte sich durch. Aber sein Schöpfer war mit diesem Werk nicht zufrieden. Er überdachte viele Male, ob seine Grundidee wirklich zum Ausdruck gekommen war: die »Erlösung« des Sünders durch das Wunder, der Sieg Elisabeths über Venus im letzten, entscheidenden Augenblick. In der ersten Fassung, so wie sie in der Reihe der Aufführungen des Jahres 1845 erklang – man nennt sie heute die *Urfassung*, im Gegensatz zu den beiden späteren, der sogenannten Dresdener und der Pariser Fassung –, war die Rolle der Venus mit der ersten Szene des ersten Aktes abgetan. Das hatte, wie wir sahen, schon die Interpretin der Venus in der Premiere, die große Tragödin *Wilhelmine Schröder-Devrient*, instinktsicher als Schwäche des Werkes empfunden. Man kann eine Hauptrolle nicht mitten im ersten Akt verschwinden lassen. Vielleicht spielte auch ihr persönlicher Ehrgeiz eine Rolle, aber sie hatte im Prinzip recht. *Wagner* fühlte diese Schwäche immer deutlicher, je mehr Abstand er gewann. Tannhäusers Suche nach dem Eingang zum Venusberg, von dem Wolfram ihn so verzweifelt abzuhalten sucht, gedeiht nicht weiter als bis zum Auftauchen der sinnlichen Orchesterklänge, die Venus' Zauberreich symbolisieren, sowie eines rosigen Lichtscheins, der erregend die wachsende Abenddämmerung durchbricht. Doch auch Elisabeth kehrt nach ihrem »Gebet«, früh im letzten Bild, nicht mehr auf die Bühne zurück. Man hört das Totenglöcklein aus der Wartburg läuten und weiß, daß es Elisabeth gilt, die den Schmerz um Tannhäusers Fernbleiben, das wohl seiner endgültigen Verdammung zuzuschreiben sein muß, nicht überleben kann. Ein irgendwie unbefriedigender Schluß, fühlt *Wagner*. Noch dazu ein Schluß, bei dem der Zuschauer raten, kombinieren, Schlüsse ziehen muß. *Wagner* liebt es, so klar wie möglich zu sagen und zu zeigen, worauf es ihm ankommt. In späteren Werken tritt zum Bild, zum Wort noch die musikalische Erklärung mit Hilfe der Erinnerungs- oder Leitmotive: insgesamt ein dreifaches Deutlichmachen, so daß im Grunde genommen kaum ein anderes musikalisches Bühnenwerk so leicht verständlich ist wie das *Wagners*.
Und so schuf er den Schluß des »Tannhäuser« um: Venus wird nicht nur in magischen Farben und berückenden Tönen angedeutet, sie naht noch einmal selbst. Zwar eher wie in einer Vision, aber sie singt noch einmal, bewillkommnet den Abtrünni-

gen, der nun zurückkehrt, als die Menschen ihn verstoßen, genau wie sie es vorausgesagt hatte. Schon öffnen sich ihre Arme, schon ist das unterirdische Liebesreich deutlich spürbar, lokkend ertönt ihr »Komm, o komm! Zu mir! Zu mir!« Da beschwört Wolfram in letzter Verzweiflung das Bild Elisabeths, deren Name den nächtlichen Spuk des Venusbergs versinken, sich auflösen läßt. Sein rötlicher Schein nimmt einen anderen Ton an: nun sind es die Fackeln, die gesenkt und mit flackernden Schatten einen Sarg geleiten. So kehrt auch Elisabeth noch einmal auf die Bühne zurück, als Heilige, deren Sterben das Wunder vollbracht hat: Während Tannhäuser an ihrem Sarg entseelt zu Boden sinkt, erkennen die Umstehenden das Wunder, das Gott auf ihre Fürbitte durch grüne, neue Blätter aus dem toten Holz vollbracht hat. Dieser zweite Schluß, die sogenannte *Dresdener Fassung*, erklang am 1. August 1847 bei der Neueinstudierung des Werkes an der Stätte der Uraufführung zum ersten Male. Zur Urfassung ist *Wagner* selbst und damit kein Theater je wieder zurückgekehrt.
Anderthalb Jahrzehnte vergehen nach der Premiere, der letzten, die ein *Wagnersches* Werk in Dresden erlebte. Sie sind randvoll angefüllt mit erregenden Ereignissen verschiedenster Art im Weltgeschehen und in *Wagners* Leben. Sie führen ihn durch die Dresdener Sturmtage des Mai 1849, treiben ihn, als die Polizei ihn wegen der in ihrem Ausmaß nie ganz geklärten Beteiligung an der anarchistischen Bewegung *Bakunins* und dem Umsturzversuch verfolgt, zur Flucht, zum Aufsuchen des rettenden *Franz Liszt* in Weimar, und danach mit falschem Paß südwärts über den Bodensee in die Schweiz. In Zürich bleibt er nun mit *Minna*, dirigiert Konzerte und Opernvorstellungen, beschäftigt sich einige Jahre lang vorwiegend mit theoretischen Schriften, bis die Arbeit am »Ring des Nibelungen« feste Gestalt annimmt. Inzwischen hat *Liszt* »Lohengrin« in Abwesenheit seines exilierten Schöpfers aus der Taufe gehoben. Er lernt das Ehepaar *Wesendonk* kennen, das dem Komponisten ein Haus auf dem Grund seiner prächtigen Villa im Zürcher Vorort Enge[1] zur Verfügung stellt und auch sonst zu *Wagners* wichtigsten Mäzenen wird. Aus Liebe zu *Mathilde Wesendonk* unterbricht *Wagner* im Jahre 1857 die Arbeit am

[1] Heute Rietberg-Museum.

»Ring des Nibelungen« und entwirft »Tristan und Isolde«. Als es durch die eifersüchtige *Minna* zu unerfreulichen Szenen kommt, flüchtet *Wagner* abermals; dieses Mal, da der Norden, die deutschen Lande, ihm immer noch versperrt sind, nach Süden. In Venedig arbeitet er am zweiten, in Luzern, wo er dann seinen Wohnsitz nimmt, am dritten Akt seines Liebesdramas. Er schließt »Tristan und Isolde« in Luzern am 6. August 1859 ab. Und im September desselben Jahres übersiedelt der ruhelos Gewordene – oder immer schon Gewesene – nach Paris, wo er sich, trotz der zwanzig Jahre zurückliegenden enttäuschenden Erfahrungen, gute Chancen ausrechnet.

Und hier muß unsere Betrachtung über das fernere Geschick des »Tannhäuser« wieder einsetzen. *Wagner* beginnt seinen Aufenthalt am Ufer der Seine wie immer und überall: Geschwellt von Hoffnungen, für die kaum ein Grund zu nennen wäre, mietet er eine äußerst bequeme Wohnung, die er einen Monat später gegen eine noch »herrschaftlichere« in der Rue Newton vertauscht. Er verpflichtet Hauspersonal. Freunde bezahlen alles, er borgt Geld, wo er es bekommt, er verkauft oder verpfändet Partituren, manche sogar mehrmals zur fast gleichen Zeit. Begegnungen mit *Rossini* und *Berlioz* verlaufen erfreulich. *Minna* trifft mit Hund und Papagei in Paris ein, ist, wie immer, über die Verschwendungssucht ihres Gatten entsetzt – obwohl sie seit Jahren daran gewöhnt sein müßte – und zeigt sich bereit, die seinerzeitigen Hungerjahre an gleicher Stelle zu wiederholen, dieses Mal aber ohne den mindesten Anschein einer Zuneigung *Wagners* zu ihr. Der dirigiert im Januar und Februar 1860 drei Konzerte in Paris, die tatsächlich ein starkes Interesse vor allem junger Kunstkreise an seiner Musik wecken, jedoch seine materielle Lage noch weiter verschärfen. Endlich gelingt es, die Opéra an einer Aufführung von *Wagners* Werken zu interessieren oder wenigstens mit ihr darüber in noch recht vage Gespräche zu kommen. Keines der neuen Werke scheint geeignet, an diesem damals wohl ersten Musiktheater der Welt gespielt zu werden. Es ist nicht nur Mangel an gutem Willen: Wie könnte »Tristan und Isolde« übersetzt werden? Wen könnte »Rheingold« fesseln in einer Stadt, in der germanische Mythologie auf wenig Gegenliebe rechnen durfte?

Doch da gab es eine sehr mächtige Dame in Paris: es war die

Gattin des österreichischen Botschafters, die Fürstin *Pauline Metternich.* Sie ging im Palast Napoleons III. ein und aus, hatte ihre schönen und energischen Finger in zahllosen politischen Kreisen und war in Frankreich überdies, als Vertreterin Österreichs, in dem Paris den natürlichen Verbündeten gegen das aufstrebende Preußen sah, populär und wichtig. Von ihr beeinflußt, schaltete der Kaiser sich in diese Angelegenheit seiner »Grande Opéra« ein und gab Mitte März 1860 den Befehl, das kaiserliche Institut solle sich sofort an die Einstudierung von *Wagners* »Tannhäuser« machen.
In des Komponisten Memoiren ist davon natürlich die Rede. Die *Fürstin Metternich* wird genannt: »Diese sei, als man soeben in der Umgebung des Kaisers über mich sich unterhalten habe, hinzugetreten, und, vom Kaiser um ihre Meinung befragt, habe sie, welche die Oper in Dresden gesehen hatte, mit solch herausforderndem Enthusiasmus sich über den ›Tannhäuser‹ geäußert, daß der Kaiser ihr sofort das Versprechen gegeben habe, den Befehl zur Aufführung desselben zu erteilen. Zwar sei Fould[1], dem noch am selben Abend der kaiserliche Befehl zuging, in höchste Wut hierüber ausgebrochen; Napoleon habe ihm aber bedeutet, er könne nicht zurück; denn er habe der Fürstin Metternich sein Wort gegeben. Nun wurde ich denn wieder zu Bacciochi[2] geführt, welcher mich diesmal mit sehr ernster Miene empfing, zunächst aber die sonderbare Frage nach dem Sujet meiner Oper an mich richtete . . .«
*Wagner* mußte die Angst des kaiserlichen Kämmerers zerstreuen, der Papst käme in »Tannhäuser« leibhaftig auf die Bühne. Endlich beruhigt, versicherte er den deutschen Komponisten seiner vollsten Unterstützung, für alles weitere wies er ihn an den Direktor der Großen Oper, *Royer.*
Wagners Freude, die noch durch den sehr günstigen Abschluß eines Verlagsvertrages mit dem Mainzer Hause *Schott* und die prompt erfolgte bedeutende Zahlung für den Erwerb des »Rheingold« gesteigert worden war, verwandelte sich nur allzuschnell in das Gegenteil. *Royer* suchte *Wagner* von der Notwendigkeit eines großen Balletts im zweiten Akt zu überzeugen. Er kannte, besser als *Wagner,* sein Haus und dessen Publi-

[1] Staatsminister Napoleons III.
[2] Oberstkämmerer Napoleons III.

kum. Er wußte, daß eine Herausforderung der Tradition gerade im Falle eines ausländischen, hier völlig unbekannten Komponisten der Katastrophe in die Arme laufen hieße. Und er meinte es, zumindest noch in jenem Zeitpunkt, gut mit *Wagner*, dessen »hohe Beziehungen« er zudem kannte (und vielleicht überschätzte). Um so unverständlicher war des Komponisten Reaktion: »Auf diese und ähnliche Zumutungen gab ich so gut wie gar keine Antwort und frug, heimkehrend, mich nur, was ich nun anfangen sollte, wenn ich mich entschlösse, der Aufführung meines ›Tannhäuser‹ in der Großen Oper geradewegs zu entsagen.«

Seine Lage hat sich wieder zugespitzt: Aus Deutschland treffen nichts als ablehnende Bescheide ein, kein Theater – oder besser gesagt: kein Tenor – will sich an »Tristan und Isolde« wagen, der »Ring des Nibelungen« ist noch auf viele Jahre unvollendet, das Geld des Verlages *Schott* droht schneller zu Ende zu gehen, als *Wagner* in seinem bei materiellen Fragen stets sinnlos übersteigerten Optimismus angenommen hatte. Er findet zwar immer wieder Menschen – Männer wie Frauen –, die zu großzügiger Hilfe an ihn bereit sind. Das Defizit seiner Pariser Konzerte im stattlichen Betrag von etwa 10000 Francs deckt *Marie Kalergis*, eine Bewunderin aus den Tagen der Dresdener »Tannhäuser«-Premiere. *Wagner* bedankt sich dafür mit einem Hauskonzert bei der berühmten Sängerin *Pauline Viardot-Garcia*[1], bei dem diese die Isolde, *Wagner* selbst den Tristan singt und weite Teile des zweiten Akts dieser Oper erklingen. Dann gibt *Wagner* in seiner eigenen Wohnung Teile der »Walküre« bekannt, wozu namhafte Gäste geladen sind. Unter diesen befindet sich der deutsche Tenor *Albert Niemann*, der sich nicht zufällig in Paris aufhält. Er ist ausersehen, den Tannhäuser in der geplanten Aufführung an der Pariser Oper auf französisch zu kreieren.

Bevor es in dieser Angelegenheit zu einer endgültigen Entscheidung kommt, nimmt *Wagner* eine Einladung zu Konzerten nach Brüssel an, die künstlerisch erfreulich, finanziell aber wieder enttäuschend verlaufen. Bei einem Abstecher nach Antwerpen erlebt *Wagner* eine weitere Desillusion: er findet die dortige Burg ungleich weniger schön und bedeutend, als er sie in sei-

[1] Tochter des berühmten spanischen Sängers Manuel Garcia, Schwester der gefeierten, jung verstorbenen Primadonna Maria Malibran.

nen »Lohengrin«-Phantasien gesehen hat. Bei der Rückkehr nach Paris »hatte ich zunächst wohl nichts weiter als meine gänzlich von Mitteln entblößte und dabei aussichtslose Lage zu bedenken. Ich mußte mir unter dem Drucke dieser Sorgen um so sonderbarer vorkommen, als in meinem Hause, wo ich mir nichts davon merken ließ, infolge meiner aufsehenerregenden Situation sich eine völlige Vogue[1] einstellte; die Mittwochsempfänge wurden immer glänzender«, steht in »Mein Leben«. *Wagner* zählt später die Gäste seines Hauses auf, unter denen sich viele auch heute noch namhafte Persönlichkeiten befanden, so der junge französische Komponist *Camille Saint-Saëns*, der spätere Schöpfer der Oper »Samson und Dalila«. Dann fährt er mit der Schilderung der Verhandlungen um »Tannhäuser« fort: »Jetzt hatte ich denn nun auch mit dem Direktor der Großen Oper, Herrn Royer, in nähere Vernehmung zu treten und zwar im Betreff der ihm befohlenen Aufführung des ›Tannhäuser‹. Es vergingen hierbei zwei Monate, ehe mir klar wurde, ob zu der ganzen Sache Ja oder Nein zu sagen sei. Bei keiner Unterredung mit jenem Manne blieb die Ermahnung, an ein Ballett im zweiten Akte zu denken, unberührt; ich betäubte, aber überzeugte ihn nie durch meine Beredsamkeit . . .«

Die Frage der Übersetzung wird angegangen, die über viele Versuche und Monate arges Kopfzerbrechen verursachte. Dann war die Besetzungsfrage zu lösen, von der kaum mehr als *Niemann* feststand, einer der hervorragendsten Tenöre Deutschlands; in Frankreich wäre, trotz der enormen Schwierigkeiten einiger Partien *Meyerbeers* und *Halévys* wohl kein Tenor zu finden gewesen, der zur Bewältigung der Titelrolle des »Tannhäuser« befähigt und bereit gewesen wäre. Um weitere Sänger für sein Werk zu wählen, besuchte *Wagner* des öfteren Vorstellungen der Oper (so von *Donizettis* »Favoritin«, *Rossinis* »Semiramis« und *Verdis* erst sieben Jahre altem »Troubadour«), ». . . bei welchen Gelegenheiten mir allerdings die innere Stimme so deutlich den Irrweg zeigte, auf welchen ich mich getrieben fand, daß ich beim Nachhausegehen mich stets entschlossen zu fühlen glaubte, dem ganzen Vorhaben mit Bestimmtheit zu entsagen . . .«

[1] Wellenberg, Aufblühen, Aufschwung.

Doch *Wagner* entsagte nicht. Er hatte einen Erfolg dringend nötig, und die Gelegenheit einer Aufführung an Europas berühmtester Oper bot sich ihm kaum so bald wieder, wenn er dieses Mal auf sie verzichten wollte. An seinem 47. Geburtstag, dem 22. Mai 1860, beobachtet er trotz der »mehr als mißmutigen Stimmung ein besonders helles Leuchten des Jupiters« am Nachthimmel, das ihn an »eine ahnungsvolle Wendung« seines Lebens denken läßt. Ein echt *Wagnerscher* Zug, der an solche »Vorzeichen« mehr glaubt als an nüchterne Tatsachen, – allerdings nur, wenn sie ihm Gutes prophezeien . . .
*Wagner* sagte irgendwann ja, oder dies war im Verlaufe der immer intensiver werdenden Vorbereitungen nicht mehr nötig. *Niemann* wurde für acht Monate zu einem Gehalt von insgesamt 80 000 Francs engagiert, wobei im Vertrage festgehalten wurde, daß er außer in *Wagners* Oper keine Partie zu singen hatte. *Wagner* kommentiert diesen Abschluß sowie seine immer schmeichelhafteren Beziehungen zu *Fürst* und *Fürstin Metternich* mit dem für ihn sehr bezeichnenden Satz, dies alles erfülle ihn mit einem ihm bisher unbekannten Gefühle einer Macht, die ihm plötzlich zugeteilt war. Die Fürstin hatte ihn »angewiesen, für alle meine Wünsche mich stets nur an sie zu wenden: sie würde alles durchzusetzen wissen, was ihr um so mehr am Herzen läge, als sie wohl sähe, daß ich selbst zu der ganzen Unternehmung noch kein rechtes Vertrauen habe. Unter diesen Auspizien schien sich der Sommer bis zum Herbst, wo die Proben beginnen sollten[1], ganz erfreulich für mich anzulassen . . .« Dem widersprach keineswegs, daß *Minna* abreiste, um sich für einige Wochen einer Kur in Deutschland zu unterziehen. Immerhin versprach er, sie dort abholen zu wollen.
Das war möglich geworden, da die Mehrzahl der deutschen Staaten die politisch Verfolgten der Jahre 1848/49 amnestiert hatte. Und so konnte *Wagner* tatsächlich, zum ersten Mal seit jener revolutionären Epoche, den Fuß auf Heimatboden setzen. Aber Deutschland hatte sich sehr verändert, oder war er es, der sich verändert hatte? Wie anders hatte er die seinerzeitige Heimkehr aus Paris auf sich wirken lassen! Am 23. August (1860) schreibt er an *Otto Wesendonk*: ». . . Von Ergriffenheit beim Wiederbetreten des deutschen Bodens habe ich – leider! –

[1] 1860.

Albert Niemann gehörte zu den wohl bedeutendsten Interpreten der Tannhäuser-Rolle.

auch nicht das Mindeste verspürt: Gott weiß, ich muß recht kalt geworden sein!« Und im gleichen Sinne am 13. September an Liszt: ». . . Glaub' mir, wir haben kein Vaterland! Und wenn ich ›deutsch‹ bin, so trage ich sicher mein Deutschland in mir . . .«

Am 24. September beginnen, im Beisein des zurückgekehrten *Wagner*, die »Tannhäuser«-Proben an der Großen Oper zu Paris. Aber die teils von *Royer*, teils von ihm selbst für notwendig und wünschenswert erachteten Änderungen sind noch nicht durchgeführt. Erst in den kommenden Monaten nimmt *Wagner* die wichtigste Umarbeitung vor: Gleichzeitig mit einer Vertiefung der Venus-Rolle baut er die Szenen im unterirdischen Liebesreich zu einem ausgedehnten Bacchanal um, – zu einem Ballett, könnte man sagen, wäre dieses Wort ihm nicht gar so verhaßt. Hatte er *Royers* Drängen doch halbherzig nachgegeben? Er hätte es niemals eingestanden, und vor sich selbst verantwortete er diese Bearbeitung zweifellos mit rein künstlerischen Motiven (die es wirklich gab) und der unleugbaren Tatsache, daß die Tanzszene nicht dort stünde, wo *Royer* sie gewollt – im Mittelpunkt des 2. Akts –, sondern wo er, er ganz allein, ihren Platz bestimmt hatte.

Ende Oktober erkrankte *Wagner* an »typhösem Fieber«, und während der mehr als drei Wochen, die er das Bett hütete, wurden die Proben unterbrochen. Zeichen der Hochachtung vor dem Autor oder Gleichgültigkeit der bevorstehenden Premiere gegenüber? *Wagner* schildert seine Krankheit in launiger und zugleich sehr bezeichnender Weise: wie er in »Fieberphantasien« sich eine »vollständige Hofhaltung« durch die *Fürstin Metternich* einrichten ließ, in der er auch *Kaiser Napoleon III.* zu Gast sah und bewirtete. »Oft sind mir in unruhigen Nächten«, fährt er dann (in »Mein Leben«) fort, »meines späteren Lebens ähnliche eitel-hochmütige Phantasmen wiedergekehrt, welche ich beim Erwachen mit Grauen als den in jenem Fieberzustand entsprungenen verwandt erkannte . . .« Hat *Wagner* solche »eitel-hochmütige Phantasmen« wirklich nur im Schlaf und im Fieber geträumt? Gehörten sie nicht, sorgfältig von jeder äußeren Entdeckung abgeschirmt, in sein sich wohl des öfteren gebieterisch meldendes Unterbewußtsein? War es nicht das, was die Umwelt bei ihm so oft als »Größenwahn« anprangerte? Sicherlich gibt es derartiges bei viel mehr Menschen, als

allgemein angenommen wird. Bei *Wagner* aber gewinnt es eine ganz besondere Bedeutung, denn seine Träume ... wurden wahr. Was war die Hofhaltung mit der *Fürstin Metternich* und *Napoleon III.* gegen die Liebe und Freundschaft *König Ludwigs II. von Bayern*, der ihm wirklich alle seine Schlösser öffnete und nichts anderes im Sinne hatte, als dem vergötterten Schöpfer seiner künstlerischen Phantasien alle Bedrängnisse und Sorgen einer unverständigen Welt beiseite zu räumen? Nur noch drei Jahre trennen *Wagner* von jenem Augenblick, in dem sein Schicksal einen völligen, geradezu unvorstellbaren Umsturz erleben sollte. Waren seine »Fieberphantasien« von Paris also eine Art Vorahnung, Hellsehen – künstlerischen Träumen gar nicht unähnlich, in denen die Schöpfernatur ja Dinge vorausträumt, die ihr selbst zu verwirklichen auferlegt sind –, oder bewahrheitet es sich, daß geheime Wünsche, lang und intensiv genug in der Seele gehegt, schließlich die Kraft zu ihrer Verwirklichung erlangen?
Am 20. November 1860 werden die Proben wiederaufgenommen, und im Dezember beendet *Wagner* die von ihm gewünschten Änderungen. Die sogenannte *Pariser Fassung* des »Tannhäuser«, die dritte nach der Urfassung und der Dresdener Fassung, ist fertig. Im späteren Rückblick gibt diese Umarbeitung *Wagner* ein starkes Motiv, das Pariser »Tannhäuser«-Abenteuer doch nicht nur von der negativen Seite zu betrachten. Viele Bühnen entschlossen – und entschließen – sich, der Pariser Fassung gegenüber der Dresdener den Vorrang zu geben. Sie ist dramatisch durchgearbeiteter, sie läßt die Venusberg-Szenen nicht nur Episode sein, sondern erhebt sie in den Rang eines Hauptschauplatzes, so daß das künstlerische Gleichgewicht zu den Ereignissen in und um die Wartburg besser gewahrt erscheint. Ein Fragezeichen könnte für das feinstgestimmte Ohr aus der Instrumentation entstehen: Spürt man an den sechzehn Jahre später geschaffenen Venusberg-Szenen die Fortschritte, die Wagner in dieser Zeit gemacht hat?
Die Premiere rückt näher. Aus *Wagners* eigenen Erinnerungen wird klar, daß er nicht nur mit offenen Augen und sehr bewußt in das Verderben rannte, das ihm wohlwollende Kreise längst als unvermeidliche Folge seiner Starrköpfigkeit vorausgesagt hatten, sondern daß er beinahe mit Lustgefühlen zu einer Provokation bereit schien, bei der es nicht mehr um »Recht« oder

»Unrecht«, nicht einmal um Kunst oder Vergnügungssucht ging, sondern um eine von ihm unbewußt längst ersehnte Kraftprobe, die zu einer »Reinigung« seines seit je getrübten Verhältnisses zu Paris führen sollte. Die Hungertage der Jahre 1839 bis 1842, die »Demütigungen« jener Zeit, die nach seiner Auffassung darin bestanden, daß man ihm untergeordnete musikalische Arbeiten »zumutete«, während er sich zu ganz anderen Taten befähigt fühlte, hatten Wunden in seiner Seele hinterlassen, die nur sehr oberflächlich vernarbt waren. Er selbst schien bereit, sie wieder aufzureißen, um – bleiben wir bei *Wagnerscher* Ausdrucksweise – »Sühne zu erlangen« oder sie, fast selbstquälerisch, zu neuem Bluten zu bringen.
Die letzten Wochen und Tage vor der Pariser Premiere schildert *Wagner* so: ». . . Fürst Metternich lud mich eines Tages ein, dem neuen Staatsminister, Grafen Walewsky, von ihm mich vorstellen zu lassen; dies geschah mit einiger Feierlichkeit, welche sich namentlich in der an mich gerichteten sehr persuasiven[1] Rede des Grafen kundgab, als dieser mich davon zu überzeugen suchte, daß man durchaus meine Fortune[2] wünsche und mir den größten Sukzess[3] zu bereiten gedenke: ich habe dies, so schloß er, in meinen Händen, so bald ich mich dazu entschlösse, dem zweiten Akte meiner Oper ein Ballett einzufügen; es solle sich hierbei nicht etwa um ein geringes handeln: es wurden mir die allerberühmtesten Tänzerinnen von Petersburg und London vorgeschlagen, unter denen ich wählen sollte . . . Ich glaube, daß ich mit nicht mindrer Beredsamkeit erwiderte, als ich alle diese Propositionen ablehnte . . .« Der Minister beharrt: die Erweiterung der Venusberg-Szenen zu Beginn des ersten Akts seien in diesem Sinne kein wirkliches Ballett, deutet er an. *Wagner* tut, als verstehe er den Einwand nicht, er überhört ihn, – wie er behauptet: mit Absicht. Der Minister erklärt hierauf *Wagner*, was ihm in jenen Wochen zweifellos schon viele Kenner mitgeteilt hatten: daß ›diejenigen Habitués[4], denen bei einem Opernabend einzig am Ballett es liege, neuerer Zeit erst um acht Uhr dinierten und somit erst gegen zehn Uhr, also um die Mitte der Opernaufführung, das Theater zu besu-

[1] Überzeugend, überredend.
[2] Glück
[3] Erfolg (succès).
[4] Stammgäste, jedoch nur bei höheren Gesellschaftsschichten angewendet.

chen gewohnt seien ... daß diese Herren es einzig wären, auf deren Mithilfe zu einem guten Erfolge gerechnet werden könne, da sie Macht genug besäßen, selbst dem üblen Verhalten der Presse Trotz zu bieten ...« Dann schreibt *Wagner*: »... Als ich auch für diese Rücksicht taub blieb und mich erbot, lieber mein Werk gänzlich zurückzuziehen, ward mir wiederum mit großem Ernste versichert, durch den Befehl des Kaisers, welchen alle Welt auszuführen habe, sei ich Herr der Sache; man würde in allem meinen Wünschen nachkommen, wogegen er mir nur einen freundschaftlichen Rat erteilen zu müssen geglaubt habe ...«

Von da wird der Unstern, der über dem Unternehmen waltet, von Tag zu Tag deutlicher fühlbar. *Wagner* spricht von »immer zunehmendem Druck« und erwähnt in den Memoiren eine Reihe schwerwiegender Ereignisse und Berichte, die ihm zu Ohren kommen. Für das von der Direktion »als gänzlich verloren erachtete Ballett« zu Anfang der Oper soll »kein Sou[1]« ausgegeben werden, es sollte einfach »von niedlichen Tanz-Eleven[2]« ausgeführt werden. Die Proben waren mit dem Beginne des Jahres[3] bereits in das Stadium der szenischen Arrangements und Orchesterübungen eingetreten: »Hier ging alles mit einer Sorgfalt zu, welche mir anfangs sehr angenehm auffiel, bis sie mir endlich lästig wurde, weil ich einsah, daß durch ewiges Repetieren die Kräfte erschlafften ... Nicht aber die hieraus entstandene Ermüdung war es, welche den Hauptträger meines Werkes, den Sänger Niemann, schließlich seiner anfangs mit so hoffnungserweckender Energie erfaßten Aufgabe abwendig machte. Er, der einen Teil seiner Pariser Appointments[4] an den Gewinn der Pariser Hauptkritiker wagen zu müssen für nötig erachtet hatte, war infolge dieser Bestechungsversuche darüber aufgeklärt worden, daß meinem Werke der Untergang geschworen sei und er persönlich sich nur durch Desertion[5] sowie durch ein Auftreten in *Meyerbeerschen* Opern retten könne ...«

*Wagner*, dessen Haß gegen *Meyerbeer* sich bei diesem Aufent-

[1] Kleinste französische Münze.
[2] Die unterste Stufe im Ballett.
[3] 1861.
[4] Hier im Sinne von Einnahmen, Gagen.
[5] Fahnenflucht, hier: Abfall von Wagner.

halt in Paris ins Maßlose steigerte, sieht des »Diktators« Hand in allem; aber es ist nie erwiesen worden, daß der einstige Landsmann – *Meyerbeer* stammte aus Berlin – seine unleugbare Machtposition im französischen Musikleben jemals gegen *Wagner* ausgenützt hätte. War wirklich eine geheime Parole ausgegeben worden, den »Tannhäuser« und damit seinen Dichter-Komponisten unter allen Umständen zu Fall zu bringen und für Gegenwart und Zukunft in Paris unmöglich zu machen? Der Kaiser hatte die Aufführung befohlen, Sympathie für *Wagner* konnte er nicht anordnen. Paris war kosmopolitisch wie kaum eine zweite Stadt der Welt; in seinem Musikleben waren zahllose Ausländer groß geworden: *Cherubini, Spontini, Rossini, Donizetti, Bellini, Chopin, Meyerbeer, Offenbach,* um nur einige von ihnen zu nennen. Warum sollten sie es gerade auf *Wagner* so heftig abgesehen haben? Er selbst muß die Genauigkeit und Sorgfalt loben, mit der sein Werk hier eine geradezu vorbildliche Einstudierung erlebte. Wäre das wirklich nur geschehen, um es nachher vom Publikum vernichten zu lassen?

*Wagners* Anklage gegen die bestechliche Musikkritik ist schwerwiegend, wenn auch sicher nicht unbegründet. Aber in diesem Falle ließen die Kritiker sich gar nicht bestechen: Sie wiesen *Niemanns* Geld zurück, da sie ihm angeblich keine Gegenleistung dafür bieten konnten, »Tannhäuser« war »zum Tode verurteilt«, wie *Wagner* meint und sogar publiziert. Ist das wahrscheinlich?

Und doch: Da ist dieser 13. März 1861, der größte und sicherlich der beschämendste Skandal unter vielen großen und beschämenden Skandalen der Operngeschichte. *Wagner* hat den ganzen weitmaschig verzweigten Apparat des Pariser Opernlebens herausgefordert. Er hat die gutgemeinten Ratschläge der Verantwortlichen in den Wind geschlagen. Vielleicht war es heldenhaft, klug war es nicht. Er hat sich geweigert, ein Ballett dort einzulegen, wo es die Norm des Hauses verlangte, die längst zu einer nationalen Eigentümlichkeit geworden war. Er hat »Frankreich herausgefordert«, wie viele Franzosen meinten. War es wirklich nur künstlerische Überlegung, war es sein musikalisches, dramatisches Gewissen, das ihn abhielt, den zweiten Akt im gewünschten Sinne auszubauen? Da der »Einzug der Gäste« in die Wartburg von ihm zu einer großartigen,

glanzvollen Szene ausgestaltet war, mit Chören in feierlichem Marschrhythmus, wäre hier ein höfischer Reigen so ganz undenkbar und künstlerische Prinzipien verletzend gewesen? Er lief bewußt in die Konfrontation, die längst aus dem Künstlerischen ins Politische gerückt war. Da war die Antipathie gegen das in Frankreich seit langem mit Mißtrauen betrachtete Deutschland, das zusehends erstarkte und dem man Welteroberungspläne zutraute. Da war eine nicht zu unterschätzende Opposition gegen den eigenen *Kaiser Napoleon III.*, den man mit der Ablehnung seines »Schützlings« *Wagners* zu treffen hoffen konnte. Da war das Gefühl, es hier mit einem »Außenseiter« zu tun zu haben, einem, der keine Kollegen noch Freunde unter den Komponisten der Stunde zu haben schien, aber offensichtlich meinte, er verkünde – allein und gegen alle – »die Musik der Zukunft«. Da war schließlich eine Musik, die über die Melodie die Deklamation stellte, die der Arie abschwor und manchem andern, was der Operngänger liebgewonnen hatte. Die Stimmung gegen *Wagner* und seinen »Tannhäuser« war schon vor der Premiere auf Sturm gerichtet.
*Wagner* forderte diesen Sturm noch heraus. Aus welchen Gründen? Um der Welt die Verderbtheit der Operntheater zu zeigen, gegen die er seit langem Sturm lief? Um eine Lanze für die »neue Musik« zu brechen? Fühlte er sich überhaupt als deren Vertreter, oder war er immer nur sein eigener Bannerträger? Um einer Sensation willen, in deren Mittelpunkt er stand, und um so, endlich wieder, seinem Geltungstrieb neue Nahrung zu bieten? Wir wissen es nicht.
Er erwähnt von alledem kein Wort, als er später über diesen 13. März 1861 schreibt. Er schildert nur die letzten Vorbereitungen und die Schlacht selbst: »Unter diesen wenig ermutigenden Umständen schleppte sich das Studium des ›Tannhäuser‹ bis in die Nähe der sogenannten Generalproben hin. Von allen Seiten her strömten die Freunde meiner vergangenen Lebensjahre in Paris zusammen, um der ›Glorie‹ der erwarteten ersten Aufführung beizuwohnen . . . auch Bülow[1] kam, bedrückt und traurig von den Beschwerden seines eigenen Lebens, wie in der Hoffnung an einem guten Erfolge meiner Un-

[1] Hans von Bülow (1830–94), einer der glänzendsten Dirigenten und nobelsten Charaktere in Wagners Umkreis. Dirigent der Uraufführungen von »Tristan und Isolde« (München, 1865) und »Die Meistersinger von Nürnberg« (München, 1868).

ternehmung sich ermutigen und erfrischen zu können. Ich wagte nicht, ihm den von mir erkannten schlimmen Stand der Sache trocken mitzuteilen; im Gegenteil, da ich ihn so entmutigt sah, zeigte ich ihm gute Miene zum bösen Spiel; nur entging es ihm bei der ersten Probe, welcher er beiwohnte, selbst nicht, wie hier alles beschaffen war; auch ich verhehlte ihm nun nichts mehr, und so blieben wir die Zeit bis zu den stets von neuem sich verzögernden Aufführungen in einem wehmütigen Verkehre, welchem bloß die seinerseits unablässig gemachten Anstrengungen, mir nützlich zu sein, eine lebendige Bewegung gaben. Auf welche Stelle wir unser groteskes Unternehmen anfaßten, überall stießen wir auf Ungeeignetes, Unbefähigtes: so war es nicht möglich, die zwölf Waldhörner, welche in Dresden so kühn die Jagdrufe des ersten Aktes hatten erschallen lassen, im großen Paris zusammenzubringen; ich hatte hierüber mit einem schrecklichen Menschen, dem berühmten Instrumentenmacher Sax[1], zu verkehren, welcher mit allerhand Surrogaten[2] von Saxophons und Saxhorns mir aushelfen mußte . . . Das eigentliche Hauptleiden entstand uns jedoch durch die in so hohem Grade, als wir sie jetzt erfanden, vorher nicht vermutete Unfähigkeit des Orchesterdirigenten M. Dietzsch[3] . . . Jetzt erkannte ich die äußerste Gefahr, in der wir schwebten . . .«

Der Ausgang ist bekannt. Es wurde ein Premierenabend, der in die Musikgeschichte einging, wenn auch aus einem keineswegs erfreulichen Grunde. Wenn *Wagner* im Rückblick feststellen zu können glaubt: ». . . ich durfte mir schmeicheln, daß schließlich das Gefallen an meiner Oper die Oberhand behalten habe, da die eigentliche Absicht meiner Gegner jedenfalls auf die vollständige Abbrechung dieser Aufführung gezielt hatte . . .«, so scheint das ein schwacher Trost für die durch nichts zu rechtfertigenden Vorgänge, die sich in Frankreichs erstem Musentempel abspielten. Eine zahlenmäßig schwer zu schätzende Gruppe von »Herren«, die als Mitglieder des noblen Jockey-Clubs der obersten Gesellschaft angehörten, besuchte die Vorstellung nicht in der Absicht, ein neues Werk kennenzulernen und positiv oder negativ zu beurteilen, was ihr gutes

[1] Der aus Belgien stammende Adolphe Sax (1814–94), Erfinder des Saxophons und anderer, diesem verwandter Instrumente.

[2] Ersatz.

[3] Der Komponist von Wagners Entwurf des »Fliegenden Holländers«.

Recht gewesen wäre, sondern von vornherein entschlossen, diesem Werk und seinem Autor in drastischster Form den Einzug in das durch die Opéra verkörperte »Kulturleben« Frankreichs unmöglich zu machen. Sie war mit Trillerpfeifen ausgerüstet ins Theater gegangen, sie setzte Lärminstrumente aller Art in Tätigkeit, sie schrie und tobte nahezu ununterbrochen. Es war ein Rückfall in die längst überwunden geglaubten Frühzeiten der öffentlichen Opernvorstellungen, bei denen das Publikum nur den Arien zu lauschen pflegte, während der Rezitative aber sich laut unterhielt, umher promenierte, an kleinen Tischen aß, trank und Karten spielte. Es war zudem der schrankenlose Übermut einer Herrenschicht, die gewohnt war, zu tun, was ihr beliebte, die solche und ähnliche »Abenteuer« für eines der Privilegien ihrer Klasse hielt und die dieses Mal sich berufen fühlte, das Ballett zu »verteidigen«, in dem sie ihre Maitressen hatte.

So war es am 13. März 1861, aber genauso, wenn nicht schlimmer, wiederholte es sich bei der zweiten Aufführung am 18. Bei dieser war der Lärm zeitweise so groß, der Tumult, die Wortgefechte der Parteien, die Schreie so heftig, daß von Musik und Gesang nichts mehr zu hören war. Niemann, aufs tiefste erregt, schleuderte schließlich seinen Pilgerhut in weitem Bogen über den Orchestergraben mitten ins Parkett, was das ironische Gejohle des »Jockey-Clubs« nur noch verstärkte. In der dritten Vorstellung, am 25. März, war vollends die Hölle los. Es gab mehrere Unterbrechungen. Wagner hatte es vorgezogen, nicht mehr ins Theater zu gehen. Es gab Zweikämpfe und Massenprügeleien, Duellforderungen und Ohnmachtsanfälle ohne Unterlaß. Eine »salomonische« Lösung war kurz zuvor gescheitert: der Direktor der Oper hatte angeboten, auf die weiteren fünf geplanten Vorstellungen zu verzichten, wenn die dritte störungsfrei über die Bühne gehen könnte. Doch der »Jockey-Club« wollte nicht um sein »Vergnügen« kommen; zudem wäre einmütiger Beifall des Publikums eine Bloßstellung seiner eigenen Haltung gewesen, und schließlich traute er der Zusage nicht, denn ein starker Erfolg des Werkes – der durchaus nicht unmöglich schien – hätte zweifellos eine Fortsetzung der Aufführungsserie erzwungen.

*Wagners* Ahnung, daß sein Werk trotz allem sich Freunde geschaffen habe, bewahrheitete sich später in kaum voraussehba-

rer Weise: gerade Frankreich wurde zur begeisterten Pflegestätte seiner Werke. Schon während jener Sturmtage von 1861 erhielt er manchen Sympathiebeweis. Einer kam von einem ihm damals völlig unbekannten jungen Menschen namens *Charles Baudelaire*, der zu einem der großen Dichter der Welt heranwachsen sollte; er schrieb: »... Was wird Europa von uns denken, und was wird man in Deutschland über Paris sagen? Diese Handvoll Flegel bringt uns alle in Verruf!«
*Wagner* und *Bülow* suchten nach jenen Vorfällen, Gründe auch in der künstlerischen Ausführung der Vorstellungen zu finden. Als ob es angesichts des organisierten Terrors auf Einzelheiten der Wiedergabe angekommen wäre, die ohnedies niemand inmitten des Tumultes hätte wahrnehmen können! Ihr Hauptzorn entlud sich auf den Dirigenten. Es war derselbe *Pierre Louis Dietsch* (Wagner schreibt in seinen Memoiren: *Dietzsch*), der zwanzig Jahre zuvor beauftragt worden war, *Wagners* Idee und Textentwurf zum »Fliegenden Holländer« – französisch »Le vaisseau fantôme«, das »Gespensterschiff« genannt – in Musik zu setzen. Nun, ein guter Komponist in höherem Sinne mochte *Dietsch* nicht sein, aber ein so schlechter Dirigent, als den *Wagner* und *Bülow* ihn sahen, kann er nicht gewesen sein. Der sonst so gemessene und zurückhaltende *Bülow* läßt sich in der – begreiflichen – Wut der Premierenvorfälle hinreißen, ihn »eines der schäbigsten Rindviehe« zu nennen, einen »Greis ohne Intelligenz, ohne Gedächtnis, gänzlich erziehungsunfähig, ohne Gehör«. Eines aber wird nirgends erwähnt: der Mann muß Mut gehabt haben. Er war, im Mittelpunkt des Theaters, dem Sturm wie kein anderer ausgesetzt. Er muß ihn vorausgesehen haben, aber er suchte sich ihm nicht zu entziehen. Und er brach die längst unmöglich gewordene Vorstellung nicht ab, was ihm niemand hätte übelnehmen können. Er hielt stand bis zum letzten Akkord, inmitten eines Hexenkessels von gigantischem Ausmaß. Und da will man ihm vorwerfen, die Tempi nicht richtig getroffen, die dynamischen Schattierungen nicht fein genug zur Geltung gebracht zu haben? Dieses »schäbigste Rindvieh« hätte, was immer er sonst im Leben schlecht gemacht haben mag, einen Orden verdient.
Die Pariser Märztage von 1861 sind längst Geschichte geworden. Keine rühmliche, doch eine soziologisch interessante Episode der Operngeschichte, die immer wieder daran erinnert,

daß es sich hier um die umstrittenste, widersprüchlichste, Leidenschaften aufpeitschendste Kunstform handelt, die je erfunden wurde und siegreich durch die Jahrhunderte geht. Geschichte geworden sind die Kämpfe um *Wagner*, für die jene Pariser »Tannhäuser«-Episode nur ein Symbol ist. Es muß etwas an ihm gewesen sein, das sowohl Begeisterung erweckte, als auch zu heftiger Ablehnung aufrief. Niemals konnten seine Werke ruhig und objektiv analysiert werden, wie es bei anderen Komponisten selbstverständlich schien.

Ein Kuriosum sei noch erwähnt. *Wagner* erzählt in seinen Memoiren, man habe ihm damals in Paris die Errichtung einer eigens für seine Werke zu schaffenden Bühne vorgeschlagen. Welche Werke? »Rienzi«, »Der Fliegende Holländer«, »Tannhäuser«, »Lohengrin«? Es ist bezeichnend, daß Wagner – wieder einmal – vorausträumt, denn das war es wohl, auch wenn wirklich ein Phantast von derartigem gesprochen haben sollte. Nein, das »Wagner-Theater« konnte, als Festspielhaus in Bayreuth, erst erstehen, als der reife Wagner den obengenannten, 1861 schon aufgeführten Werken noch hinzufügen konnte: »Tristan und Isolde«, »Die Meistersinger von Nürnberg«, »Das Rheingold«, »Die Walküre«, »Siegfried«, »Götterdämmerung« und es eine bedeutende Gemeinde rund um seine Ideen und Ansichten gab. Und als ein »Bühnenweih-Festspiel« (»Parsifal«) in seinen Plänen schon feststand und zur Verwirklichung ein Theater brauchte, das weit von jedem Alltag liegen mußte.

»Tannhäuser« setzte sich, als »romantische Oper« in romantischer Zeit, ziemlich schnell und gründlich durch, wobei den Bühnen zur Wahl stand (und heute noch steht), ob sie sich für die *Pariser* oder die *Dresdener Fassung* entscheiden wollten, die beide ihre Anhänger besitzen. Immerhin muß das Werk schon 1852, sieben Jahre nach der Uraufführung, dem breiten Publikum ein Begriff gewesen sein, denn Unbekanntes zu parodieren hätte keinen Sinn. Das aber tat in jenem Jahre *Nestroy*, der geniale Wiener Schriftsteller und Spaßmacher. Seine »Tannhäuser«-Parodie errang weite Popularität. Von ihren vielen geistreichen und witzigen Sätzen sei nur einer zitiert, der sich auf die Titelrolle bezieht und die unterschwellige Volksmeinung vielleicht auf den Kopf trifft: »Im Venusberg vergaß er Ehr' und Pflicht, – ja, unsereiner kommt zu so was nicht . . .«

# Richard Wagner zur Darstellung der Oper »Tannhäuser«

»Die schwierigste Rolle ist unstreitig die des Tannhäusers selbst, und ich muß eingestehen, daß sie überhaupt eine der schwierigsten Aufgaben für die dramatische Darstellung sein dürfte. Als das mir Wesentlichste von diesem Charakter bezeichne ich das stets unmittelbar tätige, bis zum stärksten Maße gesteigerte Erfülltsein von der Empfindung der gegenwärtigen Situation und den lebhaftesten Kontrast, der durch den heftigen Wechsel der Situation sich in der Äußerung dieses Erfülltseins zu erkennen gibt.

Tannhäuser ist nie und nirgends etwas nur »ein wenig«, sondern alles voll und ganz. Mit vollstem Entzücken hat er in den Armen der Venus geschwelgt; mit dem bestimmtesten Gefühl von der Notwendigkeit seiner Losreißung von ihr zerbricht er, ohne im mindesten die Göttin der Liebe zu schmähen, die Bande, die ihn an sie fesselten. Mit vollster Rückhaltlosigkeit gibt er sich dem ... Eindruck der wiederbetretenen heimischen Natur, ..., endlich dem tränenreichen Ausbruche eines kindlich religiösen Reuegefühls hin. Der Ausruf: »Allmächtiger, dir sei Preis! Groß sind die Wunder deiner Gnade!« ist der unwillkürliche Erguß einer Empfindung, die sein Herz bis auf die innerste Wurzel mit unwiderstehlicher Gewalt einnimmt ...

Aus dem Übermaße der Wonne, das er in Venus' Armen genoß, sehnte er sich nach Schmerz. Diese tiefe menschliche Sehnsucht sollte ihn dem Weibe zuführen, das nun mit ihm leidet, wogegen Venus sich nur mit ihm freute. Sein Verlangen ist erfüllt, und fortan kann er nicht mehr leben ohne ebenso überschwängliche Schmerzen, als zuvor seine Freuden überschwänglich waren. Aber diese Schmerzen sind keine gesuchten, willkürlich aufgenommenen; sondern mit unwiderstehlicher Gewalt brachen sie durch das Mitgefühl in sein Herz ein, das nun mit der ganzen Energie seines Wesens sie bis zur Selbstvernichtung nährt.

Hier nun äußert sich seine Liebe zu Elisabeth in dem ungeheuren Unterschied seiner Liebe zu Venus ...

Als er von Rom wiederkehrt, ist er nur noch Grimme gegen eine Welt, die ihm wegen der höchsten Aufrichtigkeit seiner Emp-

findungen das Recht des Daseins abspricht; und nicht aus Sehnsucht nach Freude und Lust sucht er wieder den Venusberg auf, sondern der Haß gegen jene Welt, der er Hohn sprechen muß, die Verzweiflung treibt ihn dahin, um sich vor dem Blicke seines »Engels« zu verbergen, dessen »Träume zu versüßen« die ganze Welt ihm nicht den Balsam bieten konnte. – So liebt er Elisabeth; und diese Liebe ist es, die sie erwidert. – Was die ganze sittliche Welt nicht vermochte, das vermochte sie, indem sie der Welt zum Trotze den Geliebten in ihr Gebet einschloß, und in heiligem Wissen von der Kraft ihres Todes sterbend den Unseligen freisprach. – Und sterbend dankt ihr Tannhäuser für diese empfangene höchste Liebesgunst. An seiner Leiche steht aber keiner, der ihn nicht beneiden müßte; und jeder, die ganze Welt, Gott selbst – muß ihn selig sprechen . . .
Die schwierigsten Aufgaben neben Tannhäuser fallen wohl den beiden Frauen, Venus und Elisabeth, zu. Namentlich Venus wird nur dann glücken, wenn bei günstiger äußerer Disposition für diese Rolle die Darstellerin vollen Glauben an ihre Partie gewinnt, und dieser wird ihr dann kommen, wenn sie es vermag, Venus in jeder ihrer Kundgebungen für vollkommen berechtigt zu halten, . . .
Das Schwierige für die Elisabeth ist dagegen, daß die Darstellerin den Eindruck der jugendlichsten und jungfräulichsten Unbefangenheit macht, ohne zu verraten, ein wie sehr erfahrenes, feines weibliches Gefühl sie erst zur Lösung ihr Aufgabe fähig machen konnte.
Die übrigen Partien der Männer sind minder schwer, und selbst Wolfram, dessen Aufgabe ich durchaus nicht für unbedingt leicht halten will, hat sich fast nur an die nächste Sympathie des feinfühlenderen Teiles unseres Publikums zu wenden, um des Gewinnes seiner Teilnahme sicher zu sein. Ihm hat die mindere Heftigkeit seines unmittelbaren sinnlichen Lebenstriebes gestattet, die Eindrücke des Lebens zum Gegenstande des sinnenden Gemütes zu machen: er ist somit vorzüglich Dichter und Künstler, wogegen Tannhäuser vor allem Mensch ist. Seine Stellung zu Elisabeth, die ihn ein schöner männlicher Stolz so würdevoll ertragen läßt, wird nicht minder als sein endliches tiefes Mitgefühl für den von ihm allerdings nicht begriffenen Tannhäuser ihn zu einer der ansprechendsten Erscheinungen machen . . .« (geschrieben im Jahre 1852)

# Gedanken, Bemerkungen, Schlagworte zu »Tannhäuser«

1. »Tannhäuser« ist, nehmen wir die Gesamtheit seines Bühnenschaffens, Wagners fünfte Oper (wobei Entwürfe und Fragmente nicht mitgezählt sind). Lassen wir die beiden frühesten – »Die Feen« und »Das Liebesverbot« – beiseite, da sie niemals ein echtes Bühnenleben führen konnten, so stellt »Tannhäuser« Wagners drittes Bühnenwerk dar. »Rienzi« und »Der Fliegende Holländer« waren um rund drei bzw. zwei Jahre vorausgegangen. Die Uraufführung fand, wie die der beiden anderen ebengenannten, in der Dresdener Hofoper statt. Wagner war dort, nach schweren Jahren in Riga und Paris, wohlbestallter Kapellmeister und dirigierte seine »romantische Oper« selbst.
2. Für Wagners insgesamt elf im ständigen Repertoire stehende Opern gibt es nur vier Uraufführungsstätten (gegenüber fast einem Dutzend bei Verdi): Die drei genannten erblickten in Dresden das Rampenlicht, »Lohengrin« wurde durch Franz Liszt in Weimar erstmals dirigiert, während Wagner sich im Schweizer politischen Asyl befand; »Tristan und Isolde« sowie »Die Meistersinger von Nürnberg« erklangen auf Befehl Ludwigs II. in München, wo auch »Rheingold« und »Die Walküre« erstmals aufgeführt wurden, allerdings gegen Wagners ausdrücklichen Wunsch, der diese Premieren niemals anerkannte. Die späteren Werke sind mit dem Festspielhaus in Bayreuth verknüpft: »Der Ring des Nibelungen« (»Rheingold«, »Die Walküre«, »Siegfried«, »Götterdämmerung«) bei dessen Eröffnung (1876), »Parsifal« im Jahre 1882.
3. »Der Fliegende Holländer«, »Tannhäuser« und »Lohengrin« können ohne Zweifel als »romantische Opern« gelten. Sie gehören dem noch jungen deutschen Zweig dieser Gattung an, als deren Ahnherrn man Mozart (»Die Zauberflöte«, 1791) und Beethoven (»Fidelio«, 1805) bezeichnen kann. Als ihr Begründer muß aber vor allem Weber (»Der Freischütz«, 1821) genannt werden, während Marschner (»Der Vampyr«, 1828, und »Hans Heiling«, 1833) in dieser Richtung dann weiterarbeitete.

4. Trotz der Verehrung für einige der seinerzeitigen italienischen Komponisten – Bellini vor allem – geht Wagner sehr bewußt einen Weg, der sein Werk in einen Gegensatz zur italienischen Oper führen muß. Er rückt immer weiter von der Arie und den »geschlossenen« Nummern ab, distanziert sich immer mehr von der alten Zweiteilung »Musiknummer« – Rezitativ und pflegt den dramatischen Sprechgesang, die ausdrucksvolle, eng und sinngemäß dem Text angepaßte Deklamation, die bei lyrischeren Momenten wie von selbst zur Melodie wird, ohne allerdings deren früher symmetrischen Bau zu übernehmen. Zudem gewährt er dem Orchester eine ständig wachsende Bedeutung, ja Selbständigkeit. Er arbeitet – in romantischem Geiste – mit »Klangfarben« einzelner Instrumente oder deren, oft von ihm geschaffenen Kombinationen und trägt dem Orchester eine »motivische Arbeit« (siehe Erklärung Seite 249) auf, die geistige und musikalische Zusammenhänge schafft.
5. In »Tannhäuser« ist der Verzicht auf die Arie noch nicht vollständig durchgeführt. Als solche könnte man Elisabeths »Gruß an die Halle« (Hallenarie) im zweiten, ihr »Gebet« im dritten Akt zweifellos bezeichnen; und hierher gehört wohl auch das vielleicht populärste Stück der Partitur, Wolfram von Eschenbachs »Lied an den Abendstern«. Diskutieren könnte man, ob Tannhäusers »Hymne« auf Venus (wenn man sie so nennen will) oder gar seine ausgedehnte »Romerzählung« noch dem Arientypus verwandt sind, aber diese Entscheidung besitzt im Grunde wenig Wichtigkeit.
6. »Tannhäuser« ist Wagners einziges Werk, von dem es drei Fassungen gibt: die »Urfassung«, die im Jahre 1845 erklang, die »Dresdener Fassung«, in der 1847 das Werk wiederaufgenommen wurde, und die »Pariser Fassung«, die Wagner für die Pariser Premiere von 1861 herstellte. Eine Bearbeitung, die er für Wien vornahm, kann nicht als eigene »Fassung« verstanden werden. Zwischen der »Dresdener« und der »Pariser« Fassung liegen 16 Jahre, die Komposition des »Lohengrin«, mehr als der Hälfte des »Rings des Nibelungen« sowie von »Tristan und Isolde«. Trotzdem gelang es Wagner, die erweiterten oder veränderten Teile des Werkes so nahtlos in das Gefüge und die

Struktur des »Tannhäuser« einzupassen, daß die »Pariser« Fassung so einheitlich wirkt wie die »Dresdener« und dramatisch womöglich noch gespannter, geballter.
Die größten Unterschiede zwischen den beiden Fassungen liegen in den Venusszenen des ersten Akts: Sowohl das Bacchanal wie der Dialog zwischen Venus und Tannhäuser zeigen sich in der »Pariser« Fassung wesentlich ausgestaltet. Das mag Wagners Auffassung entsprechen, nach der Venus eine ebenbürtige – wenn auch völlig kontrastierende – Gegenspielerin Elisabeths sein sollte; aber sicherlich auch seinem Wunsch, den Pariser Gepflogenheiten so weit entgegenzukommen, als es ihm künstlerisch vertretbar schien. Daß er allerdings mit dem Einbau größerer Tanz- oder Ballettszenen zu Beginn des Werkes den Kern der französischen Ambitionen nicht traf, stand lange vor der dortigen Premiere fest.
Im »Sängerkrieg« des zweiten Akts nahm Wagner in der späteren Version eine nicht leicht verständliche Kürzung oder Straffung vor: Er strich den Gesang des Walter von der Vogelweide. Erschien ihm die Rolle dieses vielleicht bedeutendsten aller deutschen Minnesänger als zu klein und unwichtig? Warum eliminierte er dann nicht die gesamte Rolle, anstatt ihr jetzt nur noch in Ensembles eine kaum mehr seinem geistigen Rang entsprechende Aufgabe zuzuweisen?
Der Schluß des Werkes unterstreicht die schon in der Dresdener Fassung merkbare schärfere dramatische Profilierung gegenüber der Urfassung: persönliches Auftreten der Venus, der Sarg Elisabeths wird gebracht usw.

7. »Tannhäuser« kann als eine Dramatisierung des Problems eines Mannes zwischen zwei Frauen angesehen werden. Daß diese beiden Frauen zugleich die beiden Pole des weiblichen, ja des menschlichen Lebens symbolisieren, macht den Konflikt noch allgemeingültiger. Es sind die Sinnlichkeit und das Ethos, die hier miteinander ringen: eine Urkraft und eine gesellschaftsbildende Macht. Es hat in der Aufführungsgeschichte des »Tannhäuser« nicht an Versuchen gefehlt, beide Rollen von der gleichen Sängerin darstellen zu lassen – theoretisch möglich, da Venus und Elisabeth nie gleichzeitig auf der Bühne stehen. Es ist aber

Bühnenbild-Entwurf zur ersten (Venusberg-)Szene des »Tannhäuser« von Rudolf Heinrich für die Bayerische Staatsoper München (1970).

doch stark zu bezweifeln, ob dies im Sinne Wagners lag. Nicht nur die charakterliche Kluft zwischen beiden ist unüberbrückbar, auch die stimmlichen Anforderungen sind wesentlich andere. Venus wird zumeist von einem dramatischen Mezzosopran gesungen, Elisabeth von einer »jugendlich-dramatischen« Sopranistin. Immerhin gibt es (wenige) Sängerinnen, die Timbre, Ausdruckskraft und Umfang beider Stimmen in ihrer Kehle wie auch von ihrem Charakter her vereinen. Aber die wahre Synthese der Extreme, Venus und Elisabeth zugleich – das wird es erst in Wagners rätselhaftester Bühnengestalt geben: der Kundry im »Parsifal«.

Die übrigen Rollen sind klar abgegrenzt: Tannhäuser stellt eine der anspruchsvollsten Heldentenor-Partien dar, die das Repertoire aufweist; an seine Durchschlagskraft wie seine stimmliche Ausdauer wird im höchsten Maße appelliert. Hinzukommen muß eine starke persönliche Ausstrahlung, die es erklärlich machen soll, daß Tannhäuser die glühende Leidenschaft der Liebesgöttin zu erringen weiß – die zuvor, wie es im Text heißt, nur Göttern zuteil wurde – und andrerseits auf die weltfremde Elisabeth einen so beherrschenden Einfluß gewinnt.

Als »Kavaliersbariton« im wahrsten Sinne des Wortes könnte man Wolfram von Eschenbach bezeichnen: edler Charakter und Schöngesang zeichnen ihn aus.

Ein besonderes Wort gebührt den Chören in diesem Werk, und hier besonders den Männerchören. Wie subtil ist etwa der Pilgerchor komponiert, wie ist gerade er es, der mit seiner aus der Ferne herüberwehenden Melodie im verzweifelten Tannhäuser, der vor dem Scherbenhaufen seines Lebens steht, einen letzten Rest von Hoffnung auf Erlösung, auf Verzeihen weckt! Wie fein auch der große Chor der »Einzug der Gäste«, der oftmals zu unsinnigem Marschgehabe und Stimmprotzentum degradiert wird, bei Wagner aber mit sehr genauen dynamischen Abstufungen ein echtes Bild der Oberschicht jener Zeit bietet!

8. Es hat Kreise gegeben, die Wagner anläßlich des »Tannhäuser« eine »Bestechung durch katholische Kreise« vorwarfen. Unter vielen unsinnigen Anschuldigungen an seine Adresse – abgesehen von einigen durchaus begründeten

auf anderen Gebieten – dürfte das eine der dümmsten sein. Was ist »katholisch« in diesem Werk? Die »Erlösung« Tannhäusers durch Elisabeths Opfertod? Die Pilgerfahrt nach Rom? Vielleicht. Vergessen wir nicht, daß das Werk zu einer Zeit spielt, in der es zwar kleinere Abspaltungen von der römischen Kirche bereits gegeben hatte, aber der große Zerfall des Christentums, die Teilung in Protestantismus, Anglikanismus, Katholizismus usw. noch nicht eingetreten war. Vor allem aber spricht gegen eine »Rom-Hörigkeit« Wagners ein äußerst gewichtiges Argument: die Erlösung Tannhäusers wird durch ein Wunder offenbar, das den Papst desavouiert, also seine »Unfehlbarkeit« arg in Zweifel stellt. Er verurteilt Tannhäuser zu ewiger Verdammnis, die so sicher sei wie die Tatsache, daß sein Stab, der Krummstab, Symbol des Kirchenfürsten, nie wieder frisches Grün ansetzen könne. Doch gerade das erfolgt im Schlußbild der Oper: Ein solcher Stab hat grüne Blätter angesetzt, Gott hat verziehen. Wenn dieses Werk also bei irgendeiner Menschengruppe Bedenken erwecken könnte, dann wohl am ehesten bei den »Papisten« . . .

9. Um Wagners musikalischen Stil im Zeitpunkt der »Tannhäuser«-Komposition beurteilen zu können, scheint es angezeigt, die neuen Opern jener Zeit zu nennen. In den zehn Jahren vor und nach »Tannhäuser« erschienen in Italien folgende wichtige Werke auf den Bühnen: »I puritani« (Bellini, 1835), »Lucia di Lammermoor« (Donizetti, 1835), »I briganti« (Mercadante, 1836), »Oberto« (Verdi, 1839), »La fille du régiment« (Donizetti, 1840), »La favorita« (Donizetti, 1840), »Nabucco« (Verdi, 1842), »Linda di Chamounix« (Donizetti, 1842), »I lombardi« (Verdi, 1843), »Don Pasquale« (Donizetti, 1843), »Ernani« (Verdi, 1844), »Giovanna d'Arco« (Verdi, 1845), »Macbeth« (Verdi, 1847), »Luisa Miller« (Verdi, 1849), »Rigoletto« (Verdi, 1851), »Il Trovatore« (Verdi, 1853), »La Traviata« (Verdi, 1853), »Les Vêpres Siciliennes« (Verdi, 1855). Also durchweg Werke, in denen die Arie, die »geschlossene« Nummer (Duett, Chor), noch eine gewichtige, ja die offenkundige Hauptrolle spielt und das Orchester noch eine weitgehend »begleitende« Funktion ohne besondere instrumentale Verfeinerungen aufweist, – mit möglicher

Ausnahme zweier Verdi-Werke: »Macbeth« und »La Traviata«. Wagner rückt immer weiter von seinen Kollegen jenseits der Alpen ab und bildet – langsam aber sicher – ein Konzept des Musikdramas heraus, das seine Grundidee von den Urvätern des abendländischen Musiktheaters erhält: von der Florentiner Camerata[1], von Monteverdi und von Gluck. Hier liegt der alte Kontrast, der in jeder Epoche des Opernschaffens neu überdacht, neu ausgefochten werden muß: der Streit um das Überwiegen von Text oder Musik in der Oper. Für Wagner ist die Hegemonie von Text, Sinn, Drama von Anfang an klar, so wie sie es für Monteverdi und Gluck war; doch seine Doppelbegabung mildert den manchmal deutlich, allzu deutlich zutage tretenden Gegensatz, seine musikalische Eingebung schwemmt allzu Intellektuelles in einem breiten Strom sinnlicher Phantasie mit sich fort...

10. Einen Punkt für sich – und einen kuriosen dazu – stellt Wagners Verhältnis zu Wien dar, was besonders in der Geschichte des »Tannhäuser« zum Ausdruck kommt. Die Donaukapitale war nicht nur die Stadt, in der Wagners wohl gefährlichster Feind lebte (der Kritiker Eduard Hanslick, der – wenn man so sagen kann – aus einem Paulus zu einem Saulus geworden war: aus einem anfänglich verständnisvollen Verhalten war unversöhnliche Gegnerschaft geworden), sondern hier war auch der vielleicht populärste Musiker zu Hause: Johann Strauß Sohn, »der Walzerkönig«. Und der war ein begeisterter »Wagnerianer« und bewies es immer wieder durch die Tat. Er dirigierte im Volksgarten äußerst stark besuchte Konzerte, die keineswegs – wie man glauben könnte – nur der Tanzmusik und der leichten Muse gewidmet waren, sondern die Wiener mit wertvollen Stücken aller Art bekannt machten.
Im März 1853 dirigierte Strauß in einem solchen Konzert den Pilgerchor aus »Tannhäuser« und das Vorspiel zum dritten Akt des »Lohengrin«: beides zum ersten Mal in Wien. 1854 wurde mit den »Sofiensälen« ein glänzendes, neues Fest- und Ballokal in Wien eröffnet, natürlich mit einem Konzert von Strauß. Auf dem Programm: Vorspiel zu

[1] Als Camerata Fiorentina versteht man die Gruppe von Künstlern, Gelehrten, Aristokraten usw. die sich um 1590 in Florenz zusammenfand und aus deren Erwägungen und Versuchen wenig später die ersten Opernwerke entstanden.

»Tannhäuser«, erstmals in Wien; das Orchester war auf 54 Mann verstärkt worden und wirkte, obwohl es doch eigentlich »nur« eine Tanzkapelle war, »zur vollsten Befriedigung aller Musikfreunde«, wie die Presse feststellte. Und abermals ein Jahr später erklangen, wiederum im Volksgarten, Wolframs Gesänge aus dem »Tannhäuser« zum ersten Mal, darunter natürlich das schnell populär gewordene »Lied an den Abendstern«. Ohne Gesang übrigens, rein instrumental, und »bearbeitet«, wie auch die vorher genannten Stücke geboten wurden –, aber respektvoll und sachkundig »bearbeitet«, denn Strauß war ein Erzmusiker. Der für uns merkwürdige Umstand, daß eine Weltstadt, ein Weltzentrum der Musik so wichtige Neuigkeiten in »volkstümlichen« Konzerten kennenlernte – die zudem noch in allgemeinem Tanz, in übermütigen Walzern, Polkas, Schnellpolkas und Galopps endeten – wird schon damals hervorgehoben. Die »Blätter der Musik, Theater und Kunst« leiteten die Saison 1856/57 mit diesen Worten ein: »Es bleibt interessant und für unseren Kunstzustand bezeichnend, daß der Musiker, der eine Wagnersche oder Lisztsche Komposition kennenlernen will, sich diesfalls auf ein Tanzorchester angewiesen sieht . . .«
Es sei noch erwähnt, daß die erste Aufführung einer Wagneroper in Österreich nicht in Wien stattfand, sondern in Graz: zum 72. Geburtstag des volkstümlichen Erzherzog Johann, am 20. Januar 1854. Es war »Tannhäuser«.

11. Zuletzt noch einige Daten über Wagners erste »Tannhäuser«-Aufführungen in Wien, die zugleich die ersten eines seiner Werke in dieser Stadt bedeuteten. Sie fanden auf einer Vorstadtbühne statt: im Thalia-Theater im damaligen »Neulerchenfeld«, der sommerlichen Spielstätte des Theaters in der Josefstadt. Es war ein Holzbau mit Glasdach – später Zirkus und 1870 abgerissen –, der 4000 Menschen faßte. Wagner, der zuerst die Aufführungen nicht gestatten wollte, da er sich durch sie eine verminderte Chance auf eine Premiere in der Hofoper sowie mäßige Einnahmen ausrechnete, gab schließlich nach und begleitete die Zustimmung mit folgenden, nicht gerade sehr freundlichen Zeilen an den vorgesehenen Dirigenten Eduard Stolz: » . . .Allein das allerwichtigste sind die Leistungen

der Sänger, gewiß meist alle Österreicher, mit allen Fehlern derselben. Stimmen Sie ja in eine ganz andere Tonart, als aus der Sie bisher Donizetti und Verdi sangen: seien Sie vor allem streng gegen alle und jede Willkür und Verschleppung im Tempo. Ich habe nirgends Rezitative geschrieben, sondern überall, wo wenig oder gar keine Begleitung ist, habe ich nur alles genau im Tempo, ohne alle Dehnerei gedacht, und namentlich darf nie der Wert der Noten verändert werden. Dies letztere ist höchst wichtig, wenn meine Intentionen klar werden sollen; mir sind die Haare zu Berg gestanden, wenn ich Sänger die freien Stellen im ›Tannhäuser‹ wie italienische Rezitative behandeln hörte, wodurch alle Frische, Klarheit und Bedeutung bis zur Unverständlichkeit verlorenging . . .«.
Das Wiener Publikum bejubelte die Vorstellung, die Presse war ablehnend bis bösartig. Es gab zehn ausverkaufte Vorstellungen, was beim Fassungsraum von 4000 Plätzen eine gewaltige Zuschauermenge ausmacht. Dann übersiedelte das Werk in das Stammhaus in der Josefstadt und behielt seine Zugkraft bei: 37 Vorstellungen legen ein beredtes Zeugnis dafür ab. Das war im Jahre 1857. 1859 ging »Tannhäuser« – das Programmheft der Wiener Oper bringt diese Daten – in der Hofoper über die Szene. Der »unsittliche« Text mußte an mehreren Stellen »bearbeitet« werden. Nach dem Bau des prunkvollen neuen Hauses wurde »Tannhäuser« dort, als zweites Werk Wagners nach den »Meistersingern von Nürnberg«, im Jahre 1870 gegeben. Doch die Pariser Fassung, die Hofkapellmeister Herbeck für diese Vorstellung wünschte, wurde ihm von Wagner verweigert. Die Venusberg-Szene dirigierte Wagner in Wien in einem Konzert am 12. Mai 1872. Endlich wurde die Pariser Fassung doch für Wien freigegeben: am 22. November 1875 erklang sie erstmals, ja es war die erste Aufführung überhaupt, in der die Ouvertüre unmittelbar in die Venusberg-Szene übergeleitet wurde.

12. Eine letzte Frage sei hier kurz angeschnitten und dem Nachdenken der Leser überlassen. Die Venus-Welt scheint Wagner stärker beschäftigt, ja gefesselt zu haben, als er in Handlung und Symbolismus des »Tannhäuser« ausdrückt. Sie ist nicht nur durch Venus selbst gegenwär-

tig, die Göttin der sinnlichen Liebe. Auch der junge Hirt singt, zweifellos ohne es selbst zu wissen, ihr Loblied; denn »Frau Holda«, die er als Verkörperung des Frühlings, der Natur- und Lebensfreude anruft, ist als germanische Figur der römischen Venus eng verwandt. Und Wolfram stimmt sein Lied an den Abendstern an: der aber ist die Venus (woran er bestimmt nicht denkt, wenn er es überhaupt weiss). Wagner aber weiss es und denkt vielleicht sogar daran: zu Beginn dieses Liedes flirren hohe Streicherklänge, denen des Venusbergs entfernt verwandt. Vielleicht hat es nichts zu bedeuten, vielleicht aber ist Wolfram (und Walther und Biterolf ...) ein Tannhäuser, dem sich der Weg in den Venusberg einfach nie öffnete?

# Die Bühnenwerke Richard Wagners

*Die Feen:* dreiaktige romantische Oper, Text von Wagner nach Gozzis »La donna serpente« (»Die Frau als Schlange«). Komponiert 1833. (Uraufführung: München, 29. 6. 1888)

*Das Liebesverbot:* Oper mit Text von Wagner nach Shakespeares »Maß für Maß«. Komponiert 1834–1836, einmalige Aufführung: Magdeburg, 29. März 1836.

*Rienzi, der Letzte der Tribunen:* große tragische Oper in fünf Aufzügen. Text von Wagner nach dem gleichnamigen Roman von Edward George Bulwer-Lytton. Erster Gedanke 1837, Dichtung und Beginn der Komposition 1838/39 in Riga, Vollendung im November 1840 in Paris. Uraufführung in Dresden am 20. Oktober 1842 unter der Leitung von Karl Reisiger.

*Der Fliegende Holländer:* romantische Oper in drei Akten (laut erstem Entwurf: in einem Akt). Text von Wagner unter Verwendung einer Erzählung von Heinrich Heine. Erster Gedanke wahrscheinlich 1838 in Riga, textliche Ausarbeitung 1839/40 in Paris. Endgültige Dichtung: Paris, 1841. Komposition noch im gleichen Jahr. Uraufführung in Dresden am 2. Januar 1843 unter Leitung von Richard Wagner.

*Tannhäuser und der Sängerkrieg auf Wartburg:* große romantische Oper in drei Akten, Text von Wagner unter Verwendung alter deutscher Volkssagen. Erster Gedanke: Paris, 1841. Erster Entwurf (»Der Venusberg«): Teplitz, 1842. Dichtung: Dresden, 1843. Komposition: 1844/45. Uraufführung: Dresden, 19. Oktober 1845 unter Leitung Wagners. Zweite Fassung (Ausbau der Venusberg-Szenen, teilweise Neuinstrumentation), sogenannte »Pariser«, für die dortige Aufführung vom März 1861.

*Lohengrin:* romantische Oper in drei Akten, Text von Richard Wagner. Erster Entwurf: Marienbad, 1845. Noch im gleichen Jahr Vollendung des Textes. Beendigung der Komposition: Dresden, 1848. Uraufführung: Weimar, 28. August 1850 unter Leitung von Franz Liszt. Wagner, exiliert in der Schweiz, hört sein Werk erst am 15. Mai 1861 in Wien.

*Der Ring des Nibelungen:* Ein Bühnenfestspiel für drei Tage und einen Vorabend, Text von Richard Wagner.

*I. Das Rheingold:* gedichtet 1852, komponiert 1853/54, Uraufführung auf Befehl König Ludwigs II. in München am 22. September 1869, gegen den Willen Wagners, der den Zyklus ungeteilt aufgeführt wissen will. Erstaufführung im Rahmen des Gesamtwerkes: Bayreuth, 13. August 1876, als Einweihung des Festspielhauses.

*II. Die Walküre:* gedichtet 1852, komponiert 1854. Uraufführung, gegen Wagners Willen, am 26. Juni 1870 in München. Erstaufführung im Rahmen des Gesamtwerkes: Bayreuth, 14. August 1876.

*III. Siegfried:* entworfen als »Der junge Siegfried«, dann zerlegt in die beiden späteren Teile »Siegfried« und »Götterdämmerung«; gedichtet im Mai 1851, zu komponieren begonnen am 22. September 1856. Unterbrochen am 26. Juni 1857 (zugunsten von »Tristan und Isolde«), der zweite Akt 1865, der dritte 1869 vollendet, die Partitur am 5. Februar 1871 abgeschlossen. Uraufführung im Rahmen des Gesamtwerks bei den ersten Bayreuther Festspielen, am 16. August 1876.

*IV. Götterdämmerung.* Keimzelle der Nibelungen-Tetralogie, die von Siegfrieds Tod her entwickelt wird. Spaltung in »Der junge Siegfried« (später: »Siegfried«) und »Siegfrieds Tod« (später: »Götterdämmerung«). Dichtung im November 1848 in Dreseden, umgeformt 1852, komponiert 1869–72, Vollendung der Partitur am 21. November 1874. Uraufführung bei den ersten Bayreuther Festspielen am 17. August 1876, wie der gesamte »Ring des Nibelungen« unter der Leitung von Hans Richter.

*Tristan und Isolde:* Nach dichterischen Vorarbeiten Ausführung des Textes im August und September 1857 in Zürich. Hier Beginn der Komposition des 1. Akts noch im gleichen Jahr. Fortsetzung in Venedig und Luzern, dort Beendigung am 6. August 1859. Uraufführung in München unter Leitung von Hans von Bülow am 10. Juni 1865.

*Die Meistersinger von Nürnberg:* Oper in drei Aufzügen. Erster Gedanke: 1845. Vollendung der Dichtung: Januar 1862. Der Partitur: 24. Oktober 1867. Uraufführung in München unter Leitung von Hans von Bülow am 21. Juni 1868.

*Parsifal:* ein Bühnenweihfestspiel in drei Aufzügen. Erster Gedanke: April 1857 in Zürich. Prosaskizze für König Ludwig II.: August 1865. Dichtung: 1877. Beendigung der Partitur: 13. Januar 1882. Uraufführung unter Leitung von Hermann Levi bei den zweiten Bayreuther Festspielen am 26. Juli 1882.

# Wichtige Daten im Leben Richard Wagners

(unter besonderer Berücksichtigung der für das Entstehen des »Tannhäuser« bedeutenden Ereignisse)

1813 Am 22. Mai wird Richard Wagner in Leipzig geboren und am 16. August in der Leipziger Thomaskirche – an der Bach während der letzten 27 Jahre seines Lebens tätig gewesen war – getauft.
Am 23. November stirbt sein Vater Carl Friedrich Wilhelm Wagner, 43jährig, an Typhus.

1814 Wagners Mutter, Johanne Rosine, geborene Pätz, aus Weißenfels, heiratet mit 36 Jahren den um 5 Jahre jüngeren Schauspieler und Dichter Ludwig Geyer.
Übersiedlung nach Dresden, wo Geyer am Theater tätig ist.

1821 Tod Ludwig Geyers (30. September).

1822 Wagner kommt – übrigens unter dem Namen »Richard Geyer«, den er bis zu seiner Konfirmation beibehielt – auf die Kreuzschule.

1827 Wagner wird am 8. April in der Dresdener Kreuzkirche konfirmiert.

1828 Nach der Übersiedlung von Dresden nach Leipzig tritt Wagner in das dortige Nicolaigymnasium ein.

1829 Er erlebt die große dramatische Sängerin Wilhelmine Schröder-Devrient in ihrer Rolle als »Fidelio« und wird dadurch entscheidend zum Künstlerberuf gedrängt, schwankt aber noch jahrelang zwischen seinen beiden Talenten: der Musik und der Dichtung. Schließlich wird ihm bewußt, daß er – wie nur sehr wenige vor ihm – beide verbinden könnte und müßte.

1830 Im Dezember wird im Leipziger Theater zum ersten Mal ein Werk Wagners öffentlich aufgeführt: eine »Ouvertüre für Orchester in B-Dur«.

1831 Wagner beginnt ernste musikalische Studien beim Kantor der Thomaskirche, Theodor Weinlig, dessen er in seinen Memoiren dankbar gedenken wird, allerdings nicht ohne hinzuzufügen, daß sich »das Komponieren in Wahrheit nicht lehren« ließe.

Wagners Geburtshaus in Leipzig
(»Haus zum Rot und Weißen Löwen« am Brühl).

1832 Erster Druck einer Komposition Wagners, einer »Klaviersonate in B-Dur«, bei Breitkopf & Härtel in Leipzig.
Fragmente einer Oper »Die Hochzeit«.

1833 Wagner arbeitet an seiner ersten wirklich fertiggestellten Oper: »Die Feen«.
Er wird Chordirektor am Theater in Würzburg.

1834 Wagner betätigt sich erstmals musikschriftstellerisch (»Die deutsche Oper«).
Im Juli nimmt er eine Stellung an der kleinen Sommerbühne in Bad Lauchstädt an, wo er seine spätere Gattin, die Schauspielerin Minna Planer, kennenlernt.
Im Herbst wird er Kapellmeister in Magdeburg.

1835 Wagner arbeitet an der Oper »Das Liebesverbot«.

1836 Uraufführung der Oper »Das Liebesverbot« in Magdeburg unter Wagners Leitung.
Wagner folgt Minna nach Königsberg, wo er sie am 24. November heiratet.

1837 Wagner wird Kapellmeister in Königsberg, aber nach wenigen Monaten bricht das Theater unter einer Schuldenlast zusammen. Auch Wagner kann – nicht zum ersten und schon gar nicht zum letzten Mal – seinen persönlichen Verpflichtungen nicht nachkommen.
Er entwirft »Rienzi« und reist nach Riga, mit dessen Theater er für die kommende Saison einen Vertrag als Kapellmeister abgeschlossen hat.

1838 Wagner dichtet »Rienzi« und beginnt mit der Komposition. Kapellmeister in Riga.

1839 Vom Theater entlassen und von Gläubigern bedrängt, flieht Wagner mit Minna und seinem Neufundländer an Bord eines Segelschiffs von Pillau (Ostsee) westwärts, erreicht England und (am 20. August) Frankreich. In Boulogne-sur-Mer lernt er den zufällig dort anwesenden Komponisten Giacomo Meyerbeer kennen. Am 17. September Ankunft in Paris, wo eine der bedrückendsten Epochen in Wagners Leben beginnt.

1840 Ein Pariser Theater nimmt auf Meyerbeers Empfehlung »Das Liebesverbot« Wagners zur Aufführung an, muß aber vor dem vereinbarten Datum wegen Geldmangels seine Tore schließen. Wagner arbeitet an »Rienzi« sowie am Prosaentwurf des »Fliegenden Holländers«, den er

Minna Wagner, geb. Planer,
Richard Wagners erste Frau.

der Pariser Oper unterbreitet. Von seinen schriftstellerischen Arbeiten erscheint »Über deutsche Musik« sowie »Eine Pilgerfahrt zu Beethoven«. Wagner lernt Liszt kennen. Kümmerliche Brotarbeit für den Pariser Verleger Maurice Schlesinger. Angebot an die Dresdener Oper, »Rienzi« aufzuführen.

1841 Weitere Prosaarbeiten erscheinen in Paris. Dresden nimmt, vor allem über Meyerbeers Empfehlung, »Rienzi« zur Uraufführung an. Die Pariser Oper interessiert sich für den »Fliegenden Holländer«, wenn auch anders als erhofft: Sie kauft Wagner den Entwurf für 500 Francs ab, um ihn von einem ihrer Kapellmeister (Pierre Louis Philippe Dietsch, der 20 Jahre später den »Tannhäuser« in Paris dirigieren wird) komponieren zu lassen. Wagner setzt trotzdem seine eigene Arbeit an diesem Werk fort,

Ende November sendet er die fertige Partitur an die Berliner Oper.

1842 Am 7. April verlassen Minna und Richard Wagner Paris, sehen zum ersten Mal den Rhein und die Wartburg – die beide in künftigen Werken eine bedeutende Rolle spielen werden – und kommen am 12. April in Dresden an. Im Sommer reisen sie nach Teplitz, wo Wagner am 22. Juni den Entwurf zum »Venusberg« (dem künftigen »Tannhäuser«) zu skizzieren beginnt. Hierzu verwendet er verschiedene Quellen, in die er Einblick gewonnen hat: die sogenannten Volksbücher »Der Venusberg« und »Der Sängerkrieg auf Wartburg« verschmelzen in seiner Phantasie, wozu noch andere Sagenfassungen beitragen, die ähnlich vorgehen (bei Heine, E. T. A. Hoffmann, Tieck usw.) und deren Lektüre größtenteils in das erste Halbjahr 1842 fällt. Auf dem Schreckenstein bei Aussig, einem schönen, von Wagner im Juni und Juli oft aufgesuchten Ausflugspunkt, entsteht praktisch der »Tannhäuser«, aber Wagner entwickelt auch mehrere grundlegende Ideen zu seinem folgenden Werk, dem »Lohengrin«. Am 20. Oktober Uraufführung des »Rienzi« in Dresden, durchschlagender Erfolg. Wagners Leben bekommt einen neuen Schwerpunkt: Dresden, das eine glanzvolle Operntradition besitzt und in der Weber Bedeutendes für das deutsche Musiktheater geleistet hatte.

1843 Uraufführung des »Fliegenden Holländers« am 2. Januar in Dresden, kein entscheidender Erfolg. Am 2. Februar Ernennung zum Königlich Sächsischen Hofkapellmeister. In den ersten Monaten beendet Wagner die Urschrift des »Tannhäuser«. Zugleich beginnt der Abdruck seiner »Autobiographischen Skizze« in Heinrich Laubes vielgelesener »Zeitung für die elegante Welt«. An seinem 30. Geburtstag, am 22. Mai, beendet Wagner die »Tannhäuser«-Dichtung; im Sommer – wiederum in Teplitz, Nordböhmen – beginnt er mit der Komposition, im November mit der Instrumentation, also der Orchesterpartitur.

1844 Wagner leitet persönlich in der Berliner Hofoper seinen »Fliegenden Holländer« sowie seinen »Rienzi« in Ham-

Die alte Oper in Dresden, in der Wagner die Uraufführungen des »Rienzi«, des »Fliegenden Holländers« und des »Tannhäuser« erlebte.

burg. Durch ungeschickte Verfügungen über seine Werke, die er auf eigene Kosten drucken läßt, gerät Wagner wieder einmal in eine nicht abreißende Kette von Schulden, aus der ihn zuletzt nur eine Flucht befreien kann. Auch sein Verhältnis zur Theaterleitung entwickelt sich eher unerfreulich, da er weitgehende Reformpläne bekanntgibt. Im September und Oktober orchestriert er den zweiten Akt des »Tannhäuser«.

Webers sterbliche Überreste werden (nach 18jähriger Beisetzung in London) auf Wagners Initiative mit großen Feierlichkeiten nach Dresden überführt.

Im Dezember beendet Wagner die Orchesterskizze des letzten »Tannhäuser«-Akts.

1845 Am 13. April schließt Wagner die Arbeiten am »Tannhäuser« ab. Im Sommer, den er dieses Mal in Marienbad verbringt, kommt er entscheidend mit den Themen um Lohengrin, Parzival (seinen späteren »Parsifal«) und die Gralssage in Berührung. Aber auch Ideen zu den »Meistersingern von Nürnberg« tauchen bereits auf.

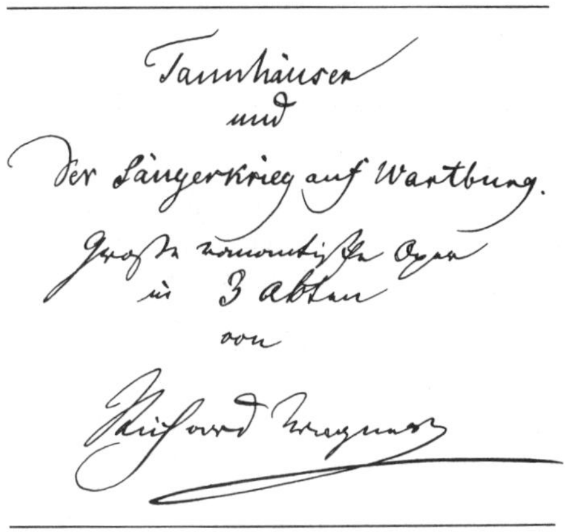
Tannhäuser
und
der Sängerkrieg auf Wartburg.
große romantische Oper
in 3 Akten
von
Richard Wagner

Wagners eigenhändiges Titelblatt zu »Tannhäuser«.

Im September beginnen die Proben zu »Tannhäuser« an der Dresdener Hofoper. Uraufführung am 19. Oktober, zwiespältige Aufnahme, aus der Wagner den Entschluß ableitet, teilweise Umarbeitungen vorzunehmen, vor allem den Schluß dramatisch sinnfälliger zu gestalten. Die bei der Uraufführung gespielte Fassung geht als »Urfassung« in die Geschichte ein, wird aber kaum noch gespielt. In der Uraufführung sangen: Josef Tichatschek (Tannhäuser), Wilhelmine Schröder-Devrient (Venus), Johanna Wagner, des Komponisten Nichte (Elisabeth), Anton Mitterwurzer (Wolfram von Eschenbach). – Am 17. November liest Wagner die »Lohengrin«-Dichtung einem kleinen Kreis vor, in dem sich u. a. Robert Schumann sowie der Architekt Gottfried Semper befanden.

1846 Wagner bearbeitet Glucks »Iphigenie in Aulis« durchgreifend für eine Aufführung in Dresden. Am 5. April dirigiert er Beethovens Neunte Sinfonie, auf die er das Publikum in mehreren ausführlichen Artikeln vorbereit hat. Er erhält vom Theaterpensionsfonds einen bedeutenden

Betrag zur Regelung seiner Schulden. Intensive Arbeit an »Lohengrin«.

1847 Bei einer Wiederaufnahme des »Tannhäuser« in Dresden erklingt Wagners Umarbeitung des Werkes zum ersten Mal, die sogenannte »Dresdener Fassung«. Wagner exponiert sich mehrmals in Fragen, die als »politisch« oder »sozial« angesehen werden. Der Intendant der Dresdener Hoftheater erteilt anscheinend heimlich den Auftrag, die Vorbereitungen zur »Lohengrin«-Premiere nicht weiter voranzutreiben. Wagner denkt an Kündigung. Ein Berliner Gastspiel (»Rienzi«) verläuft in vielerlei Hinsicht unerfreulich.

1848 Vollendung des »Lohengrin«. Wagner tritt in Verbindung mit dem aus Rußland emigrierten Anarchistenführer Michail Bakunin; er hält, ohne sich mit dessen Ideen oder dem aufkommenden Kommunismus identifizieren zu können, »sozialrevolutionäre« Reden.
Gedanken und erste Entwürfe zum späteren »Ring des Nibelungen«.

1849 Im Mai Ausbruch der revolutionären, seit einem Jahr in vielen Städten Europas tobenden Bürgerkriegskämpfe auch in Dresden. Am 9. Mai flüchtet der mit den Aufständischen sympathisierende Wagner aus der Stadt.
Über Chemnitz und Altenburg gelangt er am 13. Mai nach Weimar, wo Liszt soeben »Tannhäuser« einstudiert. Liszt versorgt ihn mit Geld und mit einem falschen Paß reist Wagner nach Süden.
Er kommt am 28. Mai in Zürich an, das nun für Jahre sein »Asyl« wird. Hier beginnt Wagner mit der Abfassung und Publikation einer Reihe theoretischer Schriften (»Die Kunst und die Revolution«, »Das Kunstwerk der Zukunft«, später »Das Judentum in der Musik« mit schärfsten Angriffen auf Meyerbeer, unter einem Pseudonym veröffentlicht, »Oper und Drama«, »Eine Mitteilung an meine Freunde« u. a.).

1850 Wagner reist mehrmals zwischen der Schweiz und Paris hin und her, aber diese Stadt ist ihm auch dieses Mal, ebensowenig wie später, gewogen – eine Haltung, die erst nach seinem Tode in ihr Gegenteil umschlagen wird.
Am 28. August dirigiert Liszt in Weimar erstmals »Lo-

hengrin«. Wagner, nach schweren Zerwürfnissen nun doch nochmals mit Minna vereint, verfolgt in Gedanken die Aufführung von Luzern aus.

1851 Langsam beginnt »Der Ring des Nibelungen« zu entstehen, in umgekehrter Reihenfolge: »Siegfrieds Tod« (später »Götterdämmerung« genannt), »Der junge Siegfried« (in der endgültigen Fassung nur »Siegfried«), dann »Die Walküre« und »Das Rheingold«.

1852 Wagner dirigiert Opern und Konzerte in Zürich.

1853 Als Privatdruck erscheint die komplette Dichtung der zum Zyklus vereinten vier Dramen »Der Ring des Nibelungen«. Wagner liest vor geladenen Gästen in einem Zürcher Hotel diese Texte vor (16., 17., 18. und 19. Februar). Er dirigiert verschiedene Bruchstücke aus seinen Werken in mehreren »Sonderkonzerten« in Zürich. Liszt besucht Wagner. Reise nach Italien.

1854 Die Partitur von »Rheingold« vollendet. Erster Gedanke an »Tristan und Isolde«.

1855 Wagner dirigiert in London acht Konzerte. Dort vollendet er zum größten Teil den Partiturentwurf der »Walküre«.

1856 Erste musikalische Skizzen zu »Tristan und Isolde«.

1857 Der brasilianische Konsul in Dresden unterbreitet Wagner schriftlich eine herzliche Einladung seines Kaisers Dom Pedro II. zu einer Niederlassung in Rio de Janeiro und zur Komposition einer »leichter verständlichen« – wenn möglich italienischen – Oper für diese Stadt. Wagner lehnt ab, hält aber eventuell »Tristan und Isolde« für ein Werk in diesem Sinne – er ahnt noch nicht, daß es sein schwierigstes, am meisten zukunftsweisendes Werk werden würde.

Das Ehepaar Wagner bezieht ein Haus in Zürichs Stadtteil »Enge«, das der deutsche Kaufmann Otto Wesendonk, der sich schon vorher als sein Helfer und Mäzen erwiesen hat, ihm zu einem symbolischen Betrag »auf Lebenszeit« zur Verfügung stellt. Es lag im gleichen Park neben seinem eigenen, das er mit seiner Gattin, der jungen und schönen Mathilde, bewohnte, dem heutigen »Rietberg-Museum«. Am 27. Juni unterbricht Wagner die Arbeit an »Siegfried«, um sich – wohl von seinen immer intensiver werdenden

Gefühlen zu Mathilde Wesendonk getrieben – »Tristan und Isolde« zuzuwenden.
Hans von Bülow, der junge, hervorragende Musiker, kommt mit seiner ihm eben angetrauten Gattin nach Zürich und besucht Wagner. Es ist Cosima, die Tochter Liszts. Für ein Mal sitzen die drei wohl wichtigsten Frauen in Wagners Leben am gleichen Tisch: Minna, Mathilde und Cosima, die wenige Jahre später entscheidend in Wagners Leben treten wird.

1858 Nach einem ernsten Zerwürfnis zwischen Minna und Mathilde flüchtet Wagner nach Paris, kehrt aber dann nach Zürich zurück. Komposition der fünf »Wesendonk-Lieder« auf Texte Mathildes.
Am 17. August scheidet Wagner endgültig aus dem Zürcher »Asyl«, er reist über Genf nach Venedig, wo er die Komposition des »Tristan« fortsetzt.

1859 Wagner wird aus Venedig ausgewiesen, da die österreichischen Behörden, denen Venetien und die Lombardei unterstehen, eng mit den deutschen zusammenarbeiten und Wagner in den meisten deutschen Staaten immer noch steckbrieflich verfolgt wird. Er erhält Aufschub und vollendet noch in Venedig den zweiten Akt des »Tristan«.
Am 28. März trifft Wagner in Luzern ein und zieht in das elegante Hotel »Schweizerhof«, wo er am 6. August »Tristan und Isolde« vollendet.
Nach einem kurzen Aufenthalt im Hause Wesendonks reist Wagner nach Paris weiter, von seinem Gastgeber mit neuen Mitteln ausgestattet. Erste Verhandlungen zu einer Uraufführung des »Tristan« in Karlsruhe zerschlagen sich.

1860 Konzerte mit eigenen Werken – darunter dem »Tristan«-Vorspiel – in Paris.
Ende September trifft er in Paris ein, um den ersten Proben zu »Tannhäuser« in der Großen Oper beizuwohnen. Trotz mehrerer mächtiger Gönner – vor allem der Fürstin Pauline Metternich – kommt es sehr bald zu immer stärkeren Spannungen zwischen ihm und der Theaterleitung, vor allem wegen seiner Weigerung, nach Pariser Tradition ein großes Ballett in den zweiten Akt des Wer-

Am 13. März 1861 wird »Tannhäuser« in der neuen Pariser Fassung in der Opéra, Paris, erstaufgeführt.

kes einzulegen. Er arbeitet zwar die Oper recht wesentlich um (»Pariser Fassung«) und gestaltet die erste Szene (im Venusberg) so aus, daß Tänze in ihr Raum finden, will aber von einem Ballett im zweiten Akt (Sängerkrieg auf der Wartburg) absolut nichts wissen. Er erkrankt infolge der Aufregungen, die Proben werden längere Zeit unterbrochen. Als sie weitergehen, ist den Eingeweihten – auch Wagner selbst – ziemlich klar, daß eine Katastrophe bevorsteht, aber Wagner scheint eine solche beinahe in fatalistischer Weise herbeiführen zu wollen.

1861 Nach mehreren Verschiebungen kommt es am 13. März zur mit Spannung erwarteten Pariser Aufführung des »Tannhäuser«, die in einem beispiellosen Skandal untergeht. Wagner und der ihn begleitende Hans von Bülow suchen Motive hierfür – so in der »völligen Unfähigkeit« des Dirigenten Dietsch, des seinerzeitigen »Fliegenden Holländer«-Komponisten –, aber die tieferen Gründe liegen eher in einer Ablehnung von Wagners »deutschem« Stil, im Nichtverstehen des (deutschen) Textes sowie in einer abgekarteten Aktion einer »Nobel-

clique« des Jockey-Clubs, die sich um »ihr« Ballett betrogen fühlt. Trotz der üblen Szenen gewinnt Wagners Musik nun auch in Paris nicht wenige begeisterte Anhänger.
Am 11. Mai hört Wagner seinen »Lohengrin« in Wien zum ersten Male, elf Jahre nach der Uraufführung und nachdem er über zahllose deutsche Bühnen gegangen ist. Verhandlungen mit der Wiener Oper über eine geplante Uraufführung von »Tristan und Isolde«. Doch noch im gleichen Jahr wird das Werk als »unaufführbar« zurückgewiesen.

1862 Wagner schreibt, nachdem er bereits Skizzen zum Vorspiel gemacht hat, den Prosaentwurf der »Meistersinger von Nürnberg«. Der komplette Text wird von ihm am 5. Februar im Verlagshaus Schott zu Mainz vorgelesen.[1] Unrast und intensive Reisetätigkeit. Endgültiger Bruch mit Minna, die eine Scheidung verweigert. Im Zusammenhang mit dem noch unvollendeten »Ring des Nibelungen« faßt Wagner den Gedanken an ein eigenes Festspielhaus.

1863 Zahlreiche weite Reisen durch viele Länder und in viele Städte Europas (Prag, Wien, Biebrich, St. Petersburg, Moskau, Berlin, Budapest, Nürnberg, Stuttgart, Karlsruhe, Baden-Baden, Zürich, Mainz, Breslau usw.), teils um Konzerte zu dirigieren, teils um endlich Aufführungen seiner neueren Werke zu erreichen. Seine materielle und seelische Lage verschlechtert sich unaufhaltsam.

1864 In höchster Not tritt »das Wunder« (auf das er, laut einem Brief an den Komponisten Peter Cornelius, gewartet hat) tatsächlich ein: Am 3. Mai überbringt ihm in Stuttgart ein Abgesandter des jungen Bayernkönigs Ludwigs II. die Einladung nach München und verwandelt damit sein Leben, das er schon als gescheitert ansah, in das eines Triumphators. Am 4. Mai steht er bereits vor dem Monarchen, der seine drückenden Schulden mit einem Federstrich beseitigt, ihm ein Haus zuweist, ihn fast

[1] Der Raum, in dem Wagner den Meistersinger-Text im Schott-Verlag vor einer Gesellschaft geladener Gäste gelesen hat, dient heute als »Wagner-Saal« der Ausstellung von Dokumenten zum Schaffen Richard Wagners (hierunter der erste Prosa-Entwurf des Meistersinger-Textes) und zur Verlagsgeschichte.

Der junge Bayernkönig Ludwig II.

täglich im nahen Schloß Berg am Starnberger See empfängt und den Auftrag zur festlichen Uraufführung von »Tristan und Isolde« gibt.

1865 Wagners und Cosimas erstes Kind – die Tochter Isolde – wird, noch während Cosimas Ehe mit von Bülow, in München geboren.

Am 10. Juni Uraufführung von »Tristan und Isolde«, eines der großen Daten der Musikgeschichte. Kurz nach der vierten Aufführung stirbt der Darsteller des Tristan, der noch junge Tenor Ludwig Schnorr von Carolsfeld. Wagner beginnt, Cosima seine Autobiographie zu diktieren (»Mein Leben«).

Entwurf zu »Parsifal«.
Trotz unwandelbarer Treue Ludwigs II. zu Wagner wird dessen Stellung in München, von Regierung, Presse und »Volk« heftigst attackiert, immer unhaltbarer. Wagner verläßt – es ist abermals, wie schon oft in seinem Leben, eine Art Flucht – am 10. Dezember München und reist in die Schweiz, über Bern an den Genfer See.

1866 Minna stirbt, schon längst von Wagner getrennt, einsam in Dresden. Cosima reist zu Wagner. Wagner zieht, für mehrere Jahre, nach Tribschen am Vierwaldstättersee, wohin ihm Cosima bald folgt. Besuch Ludwigs II., der Wagners Haushalt fast vollkommen bestreitet.

1867 Arbeit an den »Meistersingern von Nürnberg«. Wagner vorübergehend in München, zur Neueinstudierung des »Lohengrin«.

1868 Am 21. Juni festliche Uraufführung der »Meistersinger« im Hoftheater zu München; Wagner nimmt von der Königsloge aus die stürmischen Huldigungen des Publikums entgegen. Rückkehr nach Tribschen.
Reise mit Cosima nach Italien.
Nietzsche wird ein begeisterter »Wagnerianer«.

1869 Arbeit an »Siegfried«. Cosima erbittet, nach der Geburt Siegfried (Wagners), die Scheidung von Bülow, der schwersten Herzens und in eine erniedrigende Lage gedrängt zustimmt. Am 22. September und gegen Wagners heftigsten Widerstand (da er eine Gesamtaufführung des »Ring des Nibelungen« wünscht) erfolgt die Uraufführung des »Rheingolds« in München.
Zu Weihnachten Nietzsche wieder in Tribschen, wo Wagner seinen Entwurf des »Parsifal« vorliest. Starke Spannungen zu Ludwig II.

1870 Am 26. Juni läßt der Bayernkönig nun auch »Die Walküre« in München gegen Wagners ausdrücklichen Wunsch uraufführen.
Am 25. August Trauung Cosimas – geborener Liszt, geschiedener von Bülow – mit Wagner in der protestantischen Kirche zu Luzern. Für sie und ihrer beider kleinen Sohn Siegfried komponiert Wagner das »Siegfried-Idyll« und dirigiert es am 25. Dezember im Tribschener Hause.

1871 Vollendung des »Siegfried«. Der Plan von »Bühnenfestspielen« mit eigenen Werken nimmt Gestalt an, ohne noch geortet zu werden. Erst ein Besuch in Bayreuth überzeugt Wagner von dessen Eignung für sein künftiges Theater.
Am 1. November wird zum ersten Mal ein Wagnerwerk in Italien aufgeführt (»Lohengrin« in Bologna), worüber im Band »Aida« dieser Reihe mehr nachgelesen werden kann.
Wagner mehrmals in Bayreuth.

1872 Wagner beginnt, mit Ludwigs II. Hilfe, ein Haus in Bayreuth zu bauen (»Wahnfried«). Am 22. Mai, seinem Geburtstag, Grundsteinlegung zum Festspielhaus, nachmittags unter seiner Leitung Aufführung von Beethovens »9. Sinfonie«, seinem erklärten Lieblingswerk, das oft in seinem Leben eine Rolle spielt.
Es beginnt die Ausschau nach geeigneten Künstlern für die ersten Festspiele, die allerdings mehrmals verschoben werden müssen.

1873 Vielfache Schwierigkeiten bei Bau und Finanzierung des Festspielhauses. Immer wieder springt Ludwig II. ein.
Arbeit an der »Götterdämmerung«.

1874 Noch einmal setzt sich der Bayernkönig entscheidend für Bayreuth ein. Wagner zieht am 28. April endgültig dorthin. Am 21. November wird mit der Partitur der »Götterdämmerung« der gesamte »Ring des Nibelungen« abgeschlossen.

1875 Wagner veranstaltet in verschiedenen Städten von ihm dirigierte Konzerte, um seinem Festspielhaus die nötigen Fonds zur Vollendung zu verschaffen, die zuletzt doch Ludwig II. beisteuern muß.
In Bayreuth beginnen unter Leitung von Hans Richter die Proben zum »Ring des Nibelungen«.

1876 Wagner erlebt am 13. August den wohl strahlendsten Tag seines Lebens: im Beisein des deutschen Kaisers, Wilhelms I., des Kaisers von Brasilien, Dom Pedros II., des Königs von Württemberg sowie zahlreicher anderer hoher Herren, von Künstlern und der Presse aus der ganzen Welt erklingt zur Eröffnung des Festspielhauses von Bayreuth »Das Rheingold«.

»Haus Wahnfried«,
die Villa Wagners in Bayreuth.

Am 14. 8. »Die Walküre«, am 16. 8. »Siegfried« und am 17. 8. »Götterdämmerung«.
Ludwig II., dem letzten Endes alles zu verdanken ist, weilte vor der offiziellen Eröffnung in Bayreuth und hörte incognito die letzten Proben, dann reiste er ab. Wagner und Cosima verbringen, wie es nun ihre Gewohnheit wird, den Winter in Venedig, mit Besuchen anderer italienischer Städte. Im Dom zu Siena hat Wagner eine deutliche Parsifal-Vision.

1877 Sorgen um die Deckung des Defizits der ersten Festspiele. Entstehung des »Parsifal«. Konzerte in London.

1878 Endgültige Entfremdung zwischen Nietzsche und Wagner. Liszt, nach langem Schwanken doch bei der Eröffnung der Festspiele anwesend, läßt sich nun ebenfalls in Bayreuth nieder, da er sich mit seiner Tochter Cosima und seinem Schwiegersohn Wagner ausgesöhnt hat. Arbeit an »Parsifal«.

Das Bayreuther Festspielhaus (»Theater auf dem grünen Hügel«), ein Bau nach Wagners Plänen, heute noch »Provisorium« wie 1876, als König Ludwig die Errichtung ermöglichte.

1879 Langsamer Fortschritt des »Parsifal«.
1880 Ludwig II. billigt Wagners Vorschlag, den »Parsifal« ausschließlich dem Bayreuther Festspielhaus vorzubehalten, und stellt dafür die Ensembles seines Münchner Hoftheaters zur Verfügung.
1881 Die Partitur des »Parsifal« entsteht, sie wird am 13. Januar 1882 abgeschlossen, der Verlag Schott kauft sie Wagner für 100 000 Mark ab.
1882 Unter Leitung von Hermann Levi am 26. Juli Uraufführung des »Parsifal« als Eröffnungsvorstellung der zweiten Bayreuther Festspiele. Weitere fünfzehn Vorstellungen. Im September reist Wagner mit seiner Familie nach Venedig.
1883 Am 13. Februar stirbt Wagner im Palazzo Vendramin an Venedigs Canale Grande, in den Armen Cosimas. Am 18. Februar wird er im Garten seiner Villa »Wahnfried« in Bayreuth beigesetzt.

# Tempobezeichnungen

*Grave:* Schwer, lastend, äußerst langsam
*Largo:* Äußerst langsam
*Larghetto:* Etwas fließender, aber immer noch sehr langsam
*Adagio:* Sehr ruhig und langsam
*Adagietto:* Etwas weniger langsam
*Moderato:* Mäßig, eher langsam
*Andante:* Gehendes Zeitmaß, fließend, nicht zu langsam, aber ruhig
*Andantino:* Etwas bewegter als Andante
*Allegretto:* Flüssigeres Zeitmaß
*Allegro:* Lebhaftes, ziemlich schnelles Zeitmaß
*Vivace:* Sehr lebhaft, eher etwas bewegter als Allegro
*Presto:* Sehr schnell und bewegt
*Prestissimo:* Äußerst geschwind.

Diese Grundbegriffe können durch Beiworte noch weiter abgestuft werden. Das Wort *molto* (sehr) steigert die Grundtendenz: *Allegro molto* ist schneller als *Allegro, Adagio molto* ruhevoller als *Adagio. Con moto* ist ein Zusatz, der etwa »mit Bewegung« verlangt, *Andante con moto* bedeutet also ein ruhiges, aber doch (vor allem innerlich) bewegtes Zeitmaß. *Con fuoco* bedeutet »mit Feuer«, »mit Temperament«, *appassionato* »leidenschaftlich« *(Allegro appassionato* also ein schnelles, vor allem leidenschaftlich erregtes Zeitmaß), *non troppo* heißt »nicht zu sehr«, schwächt also den Hauptbegriff ein wenig ab: *Allegro ma non troppo* verlangt ein zwar schnelles, aber nicht überhetztes Zeitmaß. *Con brio* wäre am ehesten mit »schwungvoll« zu übersetzen: *Allegro con brio* bedeutet ein schwungvolles, rasches Zeitmaß. Die Übergänge von einem langsameren zu einem schnelleren Tempo werden durch das Wort *accelerando; acc,* (beschleunigend) oder auch *stringendo* (schneller werdend), die umgekehrten durch *ritardando,* auch *ritenuto* oder *allargando* (langsamer werdend) verlangt.

DYNAMISCHE BEZEICHNUNGEN (Stärkegrade)

*ppp (eventuell sogar pppp):* So leise wie möglich, extrem leise
*pp, pianissimo:* Sehr leise
*p, piano:* Leise
*mp, mezzopiano:* Mittelstark, eher leise
*mf, mezzoforte:* Mittelstark, eher stark
*f, forte:* Stark
*ff, fortissimo:* Sehr stark
*fff (eventuell sogar ffff):* So stark wie möglich, extrem laut

Auch diese Begriffe können durch Zusatzbezeichnungen differenziert werden. *Assai* bedeutet ungefähr »ziemlich«, *molto* »sehr«. Für alle diese (italienischen) Ausdrücke haben sich im 19. Jahrhundert auch deutsche Bezeichnungen eingebürgert. International aber gelten nur die italienischen.

# Erläuterung musikalischer Fachausdrücke

*a cappella-Satz:* Satz für Gesang ohne Instrumentalbegleitung (vom italienischen »senza cappella« = ohne Kapelle oder Orchester).

*Akkord:* (Gleichzeitiger) Zusammenklang mehrerer, zumindest dreier Töne. Die Harmonielehre setzt die → Intervalle fest, die im Aufbau von Akkorden Verwendung finden. Die gebräuchlichste Bildung erfolgt durch Übereinanderstellung von Terzen, z. B. C-E-G.

*Arie:* Großes Sologesangsstück aus einer Oper. Ohne festgelegte Form, in älteren Zeiten aber oft dreiteilig symmetrisch gebaut, wobei der erste Teil nach Einschub eines zweiten, melodisch andersgearteten Teiles wiederholt wird (»Dacapo-Arie«).

*Arpeggio, Mehrzahl: Arpeggien:* Zerlegung eines Akkords in eine schnelle Tonfolge beim Anschlagen auf dem Instrument. Von »arpa« ital. = Harfe abgeleitet, da vielstimmige Akkorde auf den Saiteninstrumenten, vor allem den Streichern, kein gleichzeitiges Erklingen erlauben, sondern lediglich ein rasches Nacheinander: ein Arpeggio.

*Belcanto:* Aus dem Italienischen; wörtlich: schöner Gesang. Gebraucht für den kunstvollen italienischen Ziergesang und seine besondere Stimmtechnik, die höchstes Können erfordert. Als typische Belcanto-Komponisten bezeichnet man etwa Rossini, Bellini, Donizetti, da die Wiedergabe von deren Melodien ein Höchstmaß an Belcanto-Technik erfordert. Aber auch bei Verdi und Puccini wird von den Sängern Belcanto-Gesang erwartet und eigentlich auch bei den (italienischen) Opern Mozarts. Worin die besondere Belcanto-Technik des Singens besteht, kann in Kürze schwer erklärt werden: Sie verlangt eine vollendete Atemführung, ein perfektes → Legato (Ineinanderbinden der Töne), perlende Läufe, glitzernde → Staccati, Triller usw.

*Chromatik:* Halbtonweise Fortschreitung einer Melodie, also in kleinsten, engen → Intervallen; auch bei Harmonien anwendbar. *Chromatische Intervalle* entstehen durch Versetzung eines Tons, also g-gis-a usw., eine *chromatische*

*Tonleiter* ist z. B. jene, die alle zwölf Töne unseres Systems umfaßt (während eine Dur- oder Molltonleiter nur sieben aus diesen ausgewählten aufnimmt).

*dissonant:* In früheren Zeiten (und auf den Schwingungszahlen der Töne beruhend) als »mißtönig« empfundener Zusammenklang zweier oder mehrerer Töne. Mußte nach der alten Harmonielehre in einen → konsonanten Klang übergeführt werden.

*Dissonanz:* Begriff aus der Musik- bzw. Harmonielehre. Er bezeichnet einen »unvollkommenen Zusammenklang«, also einen das Ohr nicht befriedigenden Zusammenklang von zwei, drei oder mehr Tönen. Nach der klassischen Musiktheorie liegt in der Dissonanz eine Spannung, die »aufgelöst«, in jenen Ruhezustand übergeleitet werden muß, den man → »Konsonanz« nennt. Es wäre falsch, das Wort »Dissonanz« als »Mißklang« zu verstehen. Das ausgehende 19. Jahrhundert hat aus ihr ein überaus wichtiges Kompositionsmittel gemacht, und das 20. hat den Unterschied zwischen Konsonanz und Dissonanz als Kompositionsmittel weitaus aufgehoben. Doch schon in der Klassik und Romantik unterscheiden die Musiker recht deutlich zwischen fesselnden, reizvollen Dissonanzen und schrillen, harten, eventuell abstoßenden. In gewissem Sinne könnte man die Dissonanzen als die musikalischen »Gewürze« bezeichnen, ohne die Musik langweilig sein könnte oder sogar müßte. In welcher Proportion allerdings Gewürze zu verwenden seien, darüber gibt es kaum Regeln.

*Duett:* Gesang zweier Stimmen (während das Spiel zweier Instrumente als »Duo« bezeichnet wird).

*Englisch-Horn:* Abart der Oboe, tiefer gestimmt als diese, mit auffallend melancholischem Ton. Technisch eine Alt-Oboe, wahrscheinlich eher französischen als englischen Ursprungs. Seit dem 19. Jahrhundert im Sinfonieorchester, vor allem aber bei besonders charakteristischen Soli verwendet.

*enharmonisch:* Unser Tonsystem, das zwar nur zwölf Töne, aber viel mehr Namen für diese Töne aufweist, kennt also mindestens zwei Bezeichnungen für jeden Ton. Die Tatsache, daß fis und ges in der Praxis den gleichen Ton besitzen (und auf den Tasteninstrumenten auch nur durch eine einzige Taste vertreten sind), wird »enharmonisch« genannt. Cis und des, dis und es, aber auch his und c sind »enharmonisch« verwechselbar, auswechselbar.

*Enharmonische Verwechslung:* Diese unserem Tonsystem eigene Tatsache der »Enharmonik« wird in der Musikpraxis auf mehrere Arten angewendet: einmal zur einfachen Erleichterung des Notenlesens, wenn also ein komplizierter Akkord auf vereinfachte Weise geschrieben wird, z. B. Ces in H, Doppel-Be in A umgedeutet werden, um Versetzungszeichen zu vermeiden, die dem ungeübten Spieler Schwierigkeiten bereiten. Dann aber auch als Mittel zur Modulation, dem Übergang von einer Tonart in eine andere. Betont sei, daß solche »enharmonischen Verwechslungen« nur dank unseres an das seit Jahrhunderten bestehende Halbtonsystem unserer Musik angepaßten Gehörs möglich werden; denn, verliefe die abendländische Musik nicht im »temperierten« System, sondern streng nach Mathematik und Physik, dann wäre eben Fis nicht gleich Ges, nicht Es gleich Dis usw.

*Intervall:* Abstand zweier Töne. Am besten vor einer Klaviatur zu erklären. Von einem Ausgangspunkt (etwa C) gemessen, bedeutet der Schritt zur nächsten (weißen) Taste eine Sekunde, zur dritten eine Terz. Es folgen Quarte, Quinte, Sexte, Septime und Oktave (bei der wir am höheren C angelangt sind). Aber unsere komplizierte Musiktheorie läßt es bei so einfachen Regeln nicht bewenden. Sie stellt noch fest, daß es von den Intervallen verschiedene Abstufungen gibt: große Intervalle, kleine, übermäßige, verminderte und reine. Um nur ein einziges Beispiel zu geben: C-E bedeutet eine große Terz, C-Es aber eine kleine.

*Kavaliersbariton:* Die Grundtypen der menschlichen Stimme – hoch und tief – werden in unserer musikalischen Praxis (vor allem in der Oper) in Spezialisierungen diversifiziert: Sopran–Mezzosopran–Alt für die Frau, Tenor–Bariton–Baß für den Mann. Dann aber noch weiter, indem man »Fächer« schafft: etwa drei Arten von Tenor, den lyrischen, den Spiel- oder Buffotenor, den Heldentenor. So gibt es auch im Opernleben mehrere Arten von Baritons: den lyrischen, den Heldenbariton, den »Charakterbariton« und den »Kavaliersbariton«. Natürlich sind diese Rollenfächer nicht scharf gegeneinander abgegrenzt. Als typische Rollen für den Kavaliersbariton könnte man etwa bezeichnen: Mozarts Graf in »Figaro« sowie seinen Don Giovanni und Guglielmo (»Così fan tutte«), Verdis Grafen Luna in »Troubadour«, Vater Germont in »Traviata«, Renato in »Maskenball«, Posa in »Don Carlos«, Wagners Wolfram von Eschenbach in »Tannhäuser«, ja auch Scarpia in Puccinis »Tosca«, der bekanntlich nichts weniger als ein Kavalier ist . . .

*Konsonanz:* »Guter« Zusammenklang zweier oder dreier Töne, Gegensatz zur → Dissonanz, ein Begriff der traditionellen Harmonielehre.

*Mordent* ist eine der zahlreichen »Verzierungen«, die vor allem in der Musik früherer Jahrhunderte angewendet wurden und etwa in der Barockmusik (bei Bach!) große Bedeutung hatten. Der Mordent besteht aus einem Anschlagen, Anspielen oder Ansingen eines »Nebentons« vor dem zu erreichenden Hauptton. Das kann auf verschiedene Weise geschehen: von unten, von oben, sehr kurz oder länger, was durch verschiedene Zeichen gefordert wird. Die Verzierungspraxis der Barockmusik stellt ein eigenes Kapitel innerhalb der Musikwissenschaft dar, die Auffassungen der Sachverständigen wie der Ausführenden stimmen keineswegs immer überein. Zum Wort selbst sei bemerkt, daß es aus dem (lateinischen) Sprachstamm *mord* . . . kommt, was »beißen« bedeutet: die »Nebennote« wird gewissermaßen nur »angebissen«, nicht verschlungen . . .

*Motivische Arbeit:* Unter Motiv versteht man in der Musik jenen kleinsten Zusammenhang von Tönen, der als Einheit erfaßt werden kann. Verwendet ein Komponist im Verlauf eines Musikstückes öfter das gleiche Motiv, so spricht man von »motivischer Arbeit« (vergleichbar vielleicht einem Maler, der ein »Motiv« mehrmals in einem Bild unterbringt, sei dies, um einen geistigen Zusammenhang herzustellen, oder aus rein ästhetischen Gründen).

*Nummer, geschlossene:* In sich geschlossenes Musikstück, vorwiegend der älteren Oper. Also z. B. eine Arie, ein Duett, ein Chor, eine Ouvertüre usw. Sie können ohne Schwierigkeit aus dem Zusammenhang gelöst werden, da sie einen klaren Anfang und Abschluß besitzen.

*Pizzicato:* Die Spielart des Zupfens auf Streichinstrumenten, also ohne Verwendung des Bogens.

*Rezitativ:* Wichtiger Bestandteil älterer italienischer Opern. Eine Art Sprechgesang mit musikalischer Begleitung. Ziemlich frei in Takt und Rhythmus. Die italienische Oper unterscheidet zwei Arten des Rezitativs: das »recitativo secco«, das lediglich von einem Tasteninstrument (vor allem Cembalo) begleitet wird – das evtl. durch ein Violoncello oder einen Kontrabaß verstärkt werden kann –, und das »recitativo accompagnato«, bei dem die sprechsingenden Stimmen vom Orchester begleitet werden.

*rezitativisch:* Im Sprechgesang.

*Schalmei:* Sehr altes Blasinstrument, dessen Ahnherr das griechische »Aulos« gewesen sein dürfte. Der Name kam wahrscheinlich vom lateinischen »calamus« über das französische »chalumeau« ins Althochdeutsche, als man Engel gerne mit diesem Instrument abbildete und Hirten es sicherlich schon spielten. Es ist mit einem Rohrblatt ausgestattet, also ein Vorläufer der Oboe.

*Sexte:* Tonabstand von 6 Tönen, wobei diese allerdings nicht chromatisch (also mit »weißen« und »schwarzen« Klaviertasten) gezählt werden, sondern im Verlaufe einer Tonleiter: von C zu A, von D zu H usw. Durch diese Zählart wird es aber notwendig, den Begriff »Sexte« (wie auch alle anderen Intervall-Begriffe) wieder zu unterteilen: es gibt »große« Sexten und »kleine« usw. Im volkstümlichen Gesang unserer Breiten spielen Terzen und Sexten die grundlegende Rolle für die Zweistimmigkeit.

*Stretta:* Der Schlußteil eines Aktes oder einer Arie, in der italienischen Oper zumeist mit einer tempomäßigen Steigerung und einer Ballung der Dramatik verbunden.

*Takt:* Die Einteilung eines Musikstücks in periodische Zählzeiten. Im Prinzip gibt es nur zwei Taktarten, alle weiteren existierenden sind Ableitungen dieser beiden, des Zwei- und des Dreitakts, oder des »geraden« und des »ungeraden« Takts. Zu den gebräuchlichsten geraden Takten gehören der 2/4, 4/4, 6/4 oder 6/8, der 12/8, zu den ungeraden der 3/2 oder 3/4, der 5/4, 7/4, 9/8 usw.

*Terzett:* Gesang dreier Stimmen, während das Spiel dreier Instrumente als Trio bezeichnet wird.

*Timbre:* Klangfarbe einer Stimme oder eines Instruments.

*Tremolo:* Ein instrumentaler und Orchester-Effekt der Streichinstrumente, durch rasche Hin- und Herbewegung des Bogens auf dem gleichen Ton erzeugt.

*Ventilhorn:* Die neuere Art des Horns, nach der Einführung von »Ventilen«, d. h. einem Mechanismus, mit dessen Hilfe die Schallröhre des Instruments beliebig (im Innern) verkürzt oder verlängert werden, also eine viel größere Zahl von Tönen hervorgebracht werden kann, als dies beim »Naturhorn« bzw. → Waldhorn der Fall war.

*Waldhorn:* Die alte, Jahrhunderte im Gebrauch gewesene Form des Naturhorns oder auch Jagdhorns. Es bestand ursprünglich einfach aus einem Tierhorn (Ochs, Widder, Stier). Rolands legendärer Olifant (zu Zeiten Karls des Großen, um 800) war ein solches Naturhorn, aber schon die Bibel erwähnt ein solches in der Form des von den Israeliten verwendeten »Schofar«. Der Klang konnte stark und mächtig sein, wenn auch wenig geschmeidig und eher hart. Also ein Verständigungsmittel, ein Signal auf größere Distanz. Später aber durch verschiedene Verfeinerungen als Musikinstrument brauchbar gemacht. Nur der »Naturtöne« fähig, also eines Grundtons mit den ersten Obertönen. Durch Einführung von Ventilen entstand dann das »chromatische Waldhorn« und das »Ventilhorn«.

# Diskographie

Zusammengestellt von Albert Thalmann, Bern
*Stand: Februar 1986*
Falls nichts anderes angegeben, sind die Aufnahmen in deutscher Sprache gesungen

T: Tannhäuser, E: Elisabeth, V: Venus, H: Hermann, Landgraf von Thüringen, Wo: Wolfram von Eschenbach, Wa: Walter von der Vogelweide, *Dir:* Dirigent, Or: Orchester, Ch: Chor

1909 T: Fritz Vogelstrom, E: Anny Krull, H: Léon Rains, Wo: Hermann Well, Wa: Walter Kirchhoff, *Dir:* Kunneke
Preiser/Odeon Berlin (gekürzt)

1930 T: Sigismund Pilinsky, E: Maria Müller, V: Ruth Jost-Arden, H: Ivar Andresen, Wo: Herbert Janssen, Wa: Geza Belti-Pilinsky, *Dir:* Karl Elmendorff, Or & Ch: Bayreuther Festspiele
EMI (gekürzt)

1936 T: Lauritz Melchior, E: Kirsten Flagstad, V: Margaret Halstead, H: Emanuel List, Wo: Lawrence Tibbett, *Dir:* Arthur Bodanzky, Or & Ch: Metropolitan Opera New York
EJS (live)

1942 T: Lauritz Melchior, E: Helen Traubel, V: Kerstin Thorborg, H: Alexander Kipnis, Wo: Herbert Janssen, Wa: John Garris, *Dir:* George Szell, Or & Ch: Metropolitan Opera New York
OPR/Melodram (live)

1943 T: Max Lorenz, E: Maria Reining, V: Margarete Bäumer, H: Ludwig Hofmann, Wo: Karl Schmitt-Walter, Wa: Walther Ludwig, *Dir:* Artur Rother, Or: Berliner Rundfunk-Sinfonieorchester, Ch: Deutsche Oper Berlin
Acanta (gekürzt)

1944 T: Lauritz Melchior, E: Astrid Varnay, V: Marjorie Lawrence, H: Alexander Kipnis, Wo: Julius Huehn, Wa: John Garris, *Dir:* Paul Breisach, Or & Ch: Metropolitan Opera New York
UORC (live)

1949 T: Günther Treptow, E: Trude Eipperle, V: Aga Joesten, H: Otto von Rohr, Wo: Heinrich Schlusnus, Wa: Joachim

Stein, *Dir:* Kurt Schröder, Or & Ch: Hessischer Rundfunk
DG

1949 T: Ludwig Suthaus, E: Martha Musial, V: Paula Buchner, H: Josef Greindl, Wo: Dietrich Fischer-Dieskau, Wa: Werner Liebing, *Dir:* Leopold Ludwig, Or & Ch: Städtische Oper Berlin
Melodram

1949 T: Max Lorenz, E: Renata Tebaldi, H: Boris Christoff, Wo: Carlo Tagliabue, *Dir:* Karl Böhm, Or & Ch: Teatro dell'Opera Roma
HRE (in italienischer Sprache, mit Ausnahme von Max Lorenz, der in deutsch singt)

1951 T: August Seider, E: Marianne Schech, V: Margarete Bäumer, H: Otto von Rohr, Wo: Karl Paul, Wa: Franz Klarwein, *Dir:* Robert Heger, Or & Ch: Bayerische Staatsoper München
Acanta

1953 T: Set Svanholm, E: Herta Wilfert, V: Margaret Kenney, H: Arnold van Mill, Wo: Heinz Imdahl, Wa: H. Blessin, *Dir:* Artur Rodzinski, Or & Ch: Teatro Comunale Firenze
Melodram (live)

1954 T: Ramon Vinay, E: Gré Brouwenstijn, V: Herta Wilfert, H: Josef Greindl, Wo: Dietrich Fischer-Dieskau, Wa: Josef Traxel, *Dir:* Joseph Keilberth, Or & Ch: Bayreuther Festspiele
Melodram (live)

1955 T: Ramon Vinay, E: Astrid Varnay, V: Blanche Thebom, H: Jerome Hines, Wo: George London, Wa: G. Gari, *Dir:* Rudolf Kempe, Or & Ch: Metropolitan Opera New York
OPR/Melodram/Raritas (live)

1961 T: Hans Hopf, E: Elisabeth Grümmer, V: Marianne Schech, H: Gottlob Frick, Wo: Dietrich Fischer-Dieskau, Wa: Fritz Wunderlich, *Dir:* Franz Konwitschny, Or & Ch: Staatsoper Berlin
EMI/Electrola

1961 T: Wolfgang Windgassen, E: Victoria de los Angeles, V: Grace Bumbry, H: Josef Greindl, Wo: Dietrich Fischer-Dieskau, Wa: Gerhard Stolze, *Dir:* Wolfgang Sawallisch, Or & Ch: Bayreuther Festspiele
HRE/Melodram (live)

1962 T: Wolfgang Windgassen, E: Anja Silja, V: Grace Bumbry, H: Josef Greindl, Wo: Eberhard Waechter, Wa: Gerhard Stolze, *Dir:* Wolfgang Sawallisch, Or & Ch: Bayreuther Festspiele
Philips

1963 T: Hans Beirer, E: Gré Brouwenstijn, V: Christa Ludwig, H: Gottlob Frick, Wo: Eberhard Waechter, Wa: Waldemar Kmentt, *Dir:* Herbert von Karajan, Or: Wiener Philharmoniker, Ch: Staatsoper Wien
Melodram (live)

1964 T: Wolfgang Windgassen, E: Leonie Rysanek, V: Barbro Ericson, H: Martti Talvela, Wo: Franz Crass, Wa: Arturo Sergi, *Dir:* Otmar Suitner, Or & Ch: Bayreuther Festspiele
Melodram (live)

1965 T: Wolfgang Windgassen, E: Leonie Rysanek, V: Ludmila Dvorakova, H: Martti Talvela, Wo: Hermann Prey, Wa: Willy Hartmann, *Dir:* André Cluytens, Or & Ch: Bayreuther Festspiele
Melodram (live)

1969 T: Wolfgang Windgassen, E & V: Birgit Nilsson, H: Theo Adam, Wo: Dietrich Fischer-Dieskau, Wa: Horst R. Laubenthal, *Dir:* Otto Gerdes, Or & Ch: Deutsche Oper Berlin
DG

1971 T: René Kollo, E: Hela Dernesch, V: Christa Ludwig, H: Hans Sotin, Wo: Victor Braun, Wa: Werner Hollweg, *Dir:* Georg Solti, Or: Wiener Philharmoniker, Ch: Staatsoper Wien
Decca

1985 T: Klaus König, E: Lucia Popp, V: Waltraud Meier, H: Kurt Moll, Wo: Bernd Weikl, Wa: Siegfried Jerusalem, *Dir:* Bernard Haitink, Or & Ch: Bayerischer Rundfunk
EMI

Diese Diskographie erhebt keinen Anspruch auf Vollständigkeit – Hinweise auf Aufnahmen, die nicht erwähnt sind, werden dankbar entgegengenommen.

KURT PAHLEN

hat in einem äußerst arbeitsintensiven Leben die Musikerlaufbahn in allen Richtungen bis in die höchsten Stellungen durchlaufen. Als Dr. phil. mit dem Hauptfach Musikwissenschaften und dem Kapellmeistertitel des Wiener Konservatoriums war er Generalmusikdirektor (als Chef der Filarmònica Metropolitana von Buenos Aires), Theaterleiter (als Direktor des berühmten Opernhauses von Buenos Aires, Teatro Colón), Universitätsprofessor (als Gründer und Inhaber des Lehrstuhls für Musikgeschichte an der Universität Montevideo) sowie vielfacher Gastdirigent und Gastprofessor in der Alten und Neuen Welt. Er dirigierte in der Wiener Staatsoper, im Norddeutschen Rundfunk, in den Opernhäusern von Zürich, Basel, Bern, Karlsruhe, Rio de Janeiro usw., im Wiener Musikverein und Konzerthaus, das Orchestre de la Suisse Romande in Genf, das Mozarteumorchester Salzburg u.v.a. Gegenwärtig ist er Professor am Internationalen Opernstudio der Zürcher Oper, Leiter der Meisterkurse in Lenk/Bern, Präsident des Forums für Musik und Bewegung, Gastprofessor an den Universitäten von Buenos Aires, La Plata, Rio de Janeiro, Mexico, Puebla, Monterrey, Xalapa usw. Seit dem Erscheinen seines ersten Buches im Jahre 1944 hat Pahlen über 50 Werke veröffentlicht, die teilweise bis in 16 Sprachen übersetzt wurden. Er besitzt das Große Ehrenzeichen sowie das Ehrenkreuz für Kunst und Wissenschaften I. Klasse der Republik Österreich, das Goldene Ehrenzeichen sowie den Ehrenbecher des Landes Salzburg, das große Ehrenkreuz am Band der Bundesrepublik Deutschland, er ist Ehrenbürger von Puebla (Mexiko) und Lenk. Pahlen ist mit jährlich mehr als 200 Vorträgen in vielen bedeutenden Opernhäusern tätig, sowie bei den Osterfestspielen Salzburg, den Salzburger Festspielen, den Festspielen in Bregenz, dem Carinthischen Sommer (Ossiach-Villach), der Schubertiade Hohenems, dem Festspiel in Savonlinna/Finnland. Er leitet Konzertzyklen in der Schweiz, wo er seit vielen Jahren ansässig ist, nachdem er über 30 Jahre in Südamerika gelebt und als einer der Pioniere des dortigen Musiklebens gewirkt hat. Seine Kompositionen, vor allem zwei Kinderopern, sind weit verbreitet, seine Kinderlieder sind in mehreren Sprachen volkstümlich geworden.